Grandes salades

marabout**chef**

Pas besoin d'être un cordon bleu confirmé pour réussir les recettes qui suivent. Il faut simplement avoir envie de cuisiner, pour soi, sa famille ou ses amis. Sortez de la routine, c'est le moment d'essayer des plats qui changent un peu et de combiner des saveurs nouvelles. Pas de soucis : la réussite est garantie puisque ces recettes sont déjà « passées trois fois à la casserole » avant de vous être proposées. Alors, à vos fourneaux !

Sommaire

La salade
dans tous ses états…

Mesclun Mélange de variétés naines de laitue
et autres salades vertes.

...ue beurre Ou laitue de Boston. Cette laitue a ...feuilles tendres d'une grande finesse.

Romaine Ou laitue romaine. Il s'agit de la variété traditionnellement utilisée dans la salade César.

Mini-romaine Cette version miniature de la romaine a une saveur un peu plus amère.

...avia verte ou rouge Ses feuilles croquantes ...ment découpées et frisées ont une saveur très ...iculière.

Laitue iceberg Ou laitue pommée. Ses feuilles croquantes et fermes forment un cœur très dense.

Laitue à couper Ou laitue mignonnette. Vertes ou à bord rouge, ses feuilles qui forment une pomme compacte ont une saveur légèrement amère.

...vise Variété de chicorée encore appelée ...orée rouge de Vérone, utilisée en salade et dans ...ombreuses recettes italiennes.

Feuille de chêne verte ou rouge La variété à feuille verte porte également le nom de grisette. Toutes deux ont une saveur tendre et délicate.

Chou chinois Ou chou vert de Chine. Ce chou oriental est composé de longues feuilles gaufrées.

Chou rouge De couleur mauve sombre, ses feuilles très croquantes sont légèrement sucrées.

Chou de Milan Ce chou à la saveur subtile forme une pomme très dense, avec des feuilles extérieures vert foncé.

Roquette sauvage Ses feuilles vert fo profondément découpées ont une saveur et arôme plus forts que ceux de la roquette cultivé

Frisée Ou chicorée frisée. Les feuilles dentelées de cette variété non pommée sont légèrement amères.

Mâche Voici une salade aux feuilles tendres, avec un petit goût de noisette.

Bette La bette à carde ou la poirée est une var aux feuilles croquantes, vertes avec une tige blan

Cresson de fontaine Ce membre de la famille des crucifères a une saveur poivrée et amère.

Épinard D'une texture plus fine, ses feuilles ont aussi une saveur plus subtile que celle des bettes.

Pousses d'épinards Lorsqu'elles sont jeune tendres, on les consomme crues en salade ou cu comme dans le risotto.

quette Cultivée, cette salade a une saveur
ée, légèrement poivrée.

Pousses de roquette Les jeunes pousses sont
d'une saveur et d'une texture plus fines que la
roquette adulte.

Germes de soja Ce sont en fait des germes
du haricot mungo consommés le plus souvent en
salade.

lles de pois gourmands Jeune pousses
cette plante que l'on consomme généralement
es.

Germes de pois gourmands Ces petites tiges
croquantes et tendres portent des feuilles d'une saveur
rafraîchissante. On les cultive généralement chez soi. Il
leur faut environ une semaine pour se développer.

Mini-bok choy Ou pak choy. Ses feuilles très
tendres ont une saveur acide particulière.

una Originaire du Japon, cette salade asiatique
feuilles très découpées a une saveur assez âcre.

Fenouil Cette plante au goût anisé est délicieuse
crue ou cuite.

Endive blanche et chicon rouge Tous deux
ont une saveur douce-amère.

Les végétariennes

Betterave, potiron, pousses d'épinards et polenta

Pour 4 personnes.

PRÉPARATION 20 MINUTES • RÉFRIGÉRATION 1 H 10 • CUISSON 1 H 15

500 ml d'eau
500 ml de bouillon de légumes
170 g de polenta
200 g de feta émiettée
600 g de petites betteraves
2 c. s. d'huile d'olive
700 g de chair de potiron en cubes de 4 cm
150 g de pousses d'épinards
75 g de noix grillées et grossièrement concassées

Vinaigrette aux noix
2 c. s. d'huile de noix
60 ml d'huile d'olive
60 ml de jus de citron

1 Préchauffez le four à 160 °C. Graissez un moule rectangulaire et tapissez-le de papier sulfurisé.

2 Mélangez l'eau et le bouillon dans une grande casserole puis portez à ébullition. Ajoutez progressivement la polenta en remuant constamment. Baissez le feu et laissez cuire environ 10 minutes, toujours en remuant, jusqu'à ce que la polenta épaississe. Incorporez le fromage et étalez la polenta dans le moule. Laissez refroidir 10 minutes, couvrez et laissez raffermir 1 heure au réfrigérateur.

3 Pendant ce temps, débarrassez les betteraves de leurs tiges et de leurs feuilles, coupez-les en quatre et placez-les dans un grand plat à rôtir. Arrosez-les avec 1 cuillerée à soupe d'huile d'olive et laissez rôtir 15 minutes à four moyen. Ajoutez le potiron, arrosez-le du reste d'huile et repassez le plat au four 30 minutes environ, jusqu'à ce que les légumes soient tendres. Préparez la vinaigrette aux noix.

4 Quand elles sont assez froides pour être manipulées, épluchez les betteraves. Mettez-les dans un grand saladier avec la sauce et remuez pour mélanger.

5 Démoulez la polenta sur une planche, coupez les bords pour qu'ils soient réguliers puis détaillez la polenta en douze rectangles. Faites-la dorer sur un gril en fonte huilé ou au barbecue, jusqu'à ce qu'elle soit bien chaude et colorée des deux côtés.

6 Ajoutez le potiron, les épinards et les noix dans le saladier puis remuez. Disposez des morceaux de polenta dans les assiettes de service et garnissez de salade. Servez aussitôt.

Vinaigrette aux noix Mélangez tous les ingrédients dans un bocal, fermez le couvercle et secouez vigoureusement.

Par portion lipides 59,8 ; 839 kcal

Salade tiède de rigatoni au chou-fleur

Pour 4 personnes.

PRÉPARATION 25 MINUTES • CUISSON 15 MINUTES

Les rigatoni sont des pâtes tubulaires, version courte et épaisse des penne. Leurs larges rainures sont idéales pour retenir la sauce. Pour cette recette, il vous faut environ 600 g de brocoli et 500 g de chou-fleur.

375 g de rigatoni

80 ml d'huile d'olive

5 gousses d'ail grossièrement hachées

105 g de chapelure

350 g de fleurettes de chou-fleur

350 g de fleurettes de brocoli

80 ml de jus de citron

30 g de persil plat grossièrement ciselé

40 g d'amandes effilées grillées

1 Faites cuire les pâtes dans un grand volume d'eau bouillante salée.

2 Pendant ce temps, faites chauffer 2 cuillerées à soupe d'huile dans une grande poêle et faites dorer l'ail et la chapelure tout en remuant. Mettez-les ensuite dans un saladier.

3 Dans la même poêle, faites revenir les fleurettes de chou-fleur et de brocoli dans le reste d'huile, jusqu'à ce qu'elles soient presque tendres. Procédez en plusieurs fois. Transférez les légumes dans le saladier, ajoutez les pâtes égouttées, le jus de citron, le persil et les amandes. Remuez et servez aussitôt.

Par portion lipides 26,3 g ; 683 kcal

Fleurs de courgette farcies, tomates cerises et trévise

Pour 4 personnes.

PRÉPARATION 20 MINUTES • CUISSON 10 MINUTES

Achetez si possible des fleurs de courgette restées sur le jeune légume. Pour cette recette, il vous faut 2 salades trévise dont vous ne garderez que l'intérieur et le cœur.

2 c. s. de sauge fraîche ciselée

2 c. c. de zeste de citron râpé

100 g d'oignon rouge finement haché

100 g de feta émiettée

100 g de ricotta

24 petites courgettes avec leurs fleurs

250 g de tomates poires jaunes

1 c. s. d'huile d'olive

1 c. c. de vinaigre balsamique

100 g de feuilles de trévise

1   Préchauffez le four à 200 °C.

2   Mettez la sauge, le zeste de citron, l'oignon, la feta et la ricotta dans un saladier. Mélangez le tout avec une cuillère en bois.

3   Débarrassez le cœur des fleurs de leurs étamines et garnissez-les de la préparation au fromage. Tournez l'extrémité des pétales pour enfermer la garniture et déposez les courgettes sur une plaque de cuisson légèrement huilée. Étalez les tomates dans un plat à gratin et arrosez-les d'huile d'olive et de vinaigre mélangés. Faites rôtir les courgettes et les tomates 10 minutes au four, jusqu'à ce qu'elles soient légèrement dorées et cuites à cœur.

4   Mélangez les tomates et le jus rendu par les légumes dans un plat de service puis ajoutez la trévise. Servez avec les fleurs de courgette farcies.

Par portion   lipides 12,2 g ; 181 kcal

L'ASTUCE DU CHEF

Vous pouvez farcir les fleurs de courgette à l'aide d'une poche à douille.

Endives et poireaux braisés aux œufs et aux pommes de terre

Pour 4 personnes.

PRÉPARATION 20 MINUTES • CUISSON 50 MINUTES

1 kg de pommes de terre à chair ferme coupées en deux dans la longueur
2 c. c. de fleur de sel
1/2 c. c. de poivre noir concassé
2 gousses d'ail pilées
3 c. s. d'huile d'olive
1,6 kg de poireaux nouveaux
750 g d'endives coupées en deux dans la longueur
160 ml de vin blanc sec
250 ml de bouillon de légumes
1 c. c. de sucre
8 œufs

Sauce à la crème et au cerfeuil
2 c. s. de jus de citron
1 c. s. de moutarde complète
160 ml de crème
40 g de feuilles de cerfeuil frais

1 Préchauffez le four à 150 °C. Préparez la sauce à la crème et au cerfeuil.

2 Dans un grand plat, roulez les pommes de terre dans le sel, le poivre et l'ail puis badigeonnez-les de 2 cuillerées à soupe d'huile d'olive. Faites-les ensuite rôtir 50 minutes au four. Elles doivent être tendres à l'intérieur et croustillantes en surface.

3 Pendant ce temps, faites chauffer le reste d'huile dans un plat à gratin ou dans une grande cocotte en fonte, disposez les poireaux et les endives en une seule couche dedans, face coupée vers le bas, et faites cuire 4 minutes sur le feu (utilisez un diffuseur de chaleur si vous possédez une cuisinière à gaz) avant d'ajouter le vin, le bouillon et le sucre. Portez alors à ébullition puis baissez le feu et laissez frémir 2 minutes à découvert. Couvrez et terminez la cuisson au four pendant 20 minutes.

4 Dix minutes avant la fin de la cuisson des pommes de terre, versez de l'eau dans une sauteuse jusqu'à mi-hauteur et portez à ébullition. Cassez les œufs un à un dans une tasse et faites-les glisser délicatement dans la sauteuse. Quand tous les œufs sont dans l'eau, portez de nouveau à ébullition puis couvrez et éteignez aussitôt le feu. Laissez reposer 4 minutes, le temps qu'une fine pellicule de blanc se forme sur les jaunes. Sortez délicatement les œufs avec une écumoire et égouttez-les sur du papier absorbant.

5 Répartissez les pommes de terre et les endives dans les assiettes de service. Déposez deux œufs par assiette et garnissez de poireaux. Nappez de sauce et servez.

Sauce à la crème et au cerfeuil   Mélangez tous les ingrédients dans un bocal, fermez le couvercle et secouez vigoureusement.

Par portion   lipides 27,7 ; 639 kcal

Salade croquante
et omelette au sésame

Pour 4 personnes.

PRÉPARATION 25 MINUTES • CUISSON 10 MINUTES

8 œufs
125 ml de lait
30 g de ciboulette grossièrement ciselée
2 c. s. de graines de sésame grillées
640 g de chou chinois émincé
2 piments rouges épépinés et émincés
350 g de poivron rouge émincé
350 g de poivron vert émincé
1 c. s. de menthe fraîche grossièrement ciselée
1 c. s. de citronnelle fraîche finement hachée

Sauce au piment
2 c. c. de graines de sésame grillées
60 ml de vinaigre de riz
60 ml d'huile d'arachide
1 c. c. d'huile de sésame
60 ml de sauce de piment doux

1 Mettez les œufs avec le lait, la ciboulette et les graines de sésame dans un récipient puis battez-les en omelette. Faites-les cuire en quatre fois dans une grande poêle antiadhésive légèrement huilée. Quand les omelettes sont cuites, roulez-les et découpez-les en tronçons de 3 mm.

2 Préparez la sauce au piment.

3 Mettez les trois quarts de l'omelette dans un grand saladier avec le chou chinois, le piment, les poivrons, la menthe, la citronnelle et la sauce. Remuez délicatement puis répartissez cette salade dans les assiettes de service. Garnissez avec le reste de l'omelette et servez.

Sauce au piment   Mélangez tous les ingrédients dans un bocal, fermez le couvercle et secouez vigoureusement.

Par portion   lipides 31,1 g ; 396 kcal

L'ASTUCE DU CHEF

Vous pouvez préparer les omelettes 3 heures à l'avance et les réserver au réfrigérateur. Dans ce cas, roulez-les et tranchez-les juste avant de préparer la salade.

Haricots verts, asperges, roquette et haloumi

Pour 4 personnes.

PRÉPARATION 20 MINUTES • CUISSON 15 MINUTES

La moutarde anglaise est une moutarde jaune très forte qui provient d'un mélange moulu de graines blanches et brunes. On la trouve toute prête ou en poudre (à délayer dans de l'eau) dans les épiceries fines. Elle contient aussi de la farine et du curcuma, qui lui donne sa couleur caractéristique.

150 g de haricots verts

1 c. s. d'huile d'olive

500 g d'asperges coupées en deux

500 g d'haloumi coupé en tranches

320 g d'avocat émincé

75 g de noix de macadamia concassées

200 g de feuilles de roquette

Sauce aux noix de macadamia

1 c. c. de moutarde anglaise

60 ml d'huile de macadamia

60 ml de vinaigre de xérès

1 Préparez la sauce aux noix de macadamia.

2 Faites cuire les haricots à l'eau ou à la vapeur puis égouttez-les et passez-les sous l'eau froide. Égouttez-les à nouveau.

3 Faites chauffer la moitié de l'huile dans une poêle et faites dorer les asperges jusqu'à ce qu'elles soient tendres. Réservez au chaud.

4 Dans la même poêle, faites chauffer le reste d'huile, faites dorer l'haloumi de toutes parts puis égouttez-le sur du papier absorbant.

5 Mettez les haricots verts, les asperges et l'haloumi dans un saladier avec l'avocat, les noix de macadamia, la roquette et la sauce. Mélangez délicatement et servez.

Sauce aux noix de macadamia Mélangez tous les ingrédients dans un bocal, fermez le couvercle et secouez vigoureusement.

Par portion lipides 67,4 g ; 765 kcal

L'ASTUCE DU CHEF

Faites dorer l'haloumi juste avant de servir.

16

Salades mélangées et tofu frit au sésame

Pour 4 personnes.

PRÉPARATION 25 MINUTES • CUISSON 10 MINUTES

2 blocs de 300 g de tofu ferme

2 c. s. de graines de sésame grillées

2 c. s. de graines de cumin noir ou nigelle

2 c. c. de piments en poudre

2 c. s. de farine de maïs

huile végétale pour la friture

5 oignons de printemps émincés

320 g d'avocat en dés

100 g de feuilles de chêne

100 g de roquette

1 piment rouge frais épépiné et émincé

Sauce au sésame

50 g d'échalotes hachées

2 c. s. de graines de sésame grillées

1 c. s. d'huile de sésame

1 c. s. de ketjap manis

1 morceau de gingembre râpé

60 ml de jus de citron

1 Préparez la sauce au sésame.

2 Découpez le tofu en tranches et tamponnez-les avec du papier absorbant. Mélangez les graines de sésame, de cumin, le piment séché et la farine de maïs dans un saladier. Passez les tranches de tofu dans ce mélange en pressant bien pour le faire adhérer.

3 Faites chauffer l'huile dans une sauteuse, faites frire le tofu puis égouttez-le sur du papier absorbant.

4 Mettez les oignons de printemps, l'avocat, la feuille de chêne, la roquette et le piment dans un saladier. Mélangez délicatement. Répartissez cette salade dans les assiettes de service, garnissez du tofu grillé et nappez de la sauce.

Sauce au sésame Mélangez tous les ingrédients dans un bocal, fermez le couvercle et secouez vigoureusement.

Par portion lipides 45,9 g 542 kcal

Légumes variés et caviar d'aubergine

Pour 4 personnes.

PRÉPARATION 40 MINUTES • CUISSON 1 H 15

350 g de poivron vert
350 g de poivron rouge
350 g de poivron jaune
500 g d'aubergine
2 gousses d'ail en chemise
1 c. s. de jus de citron
125 ml d'huile d'olive
350 g de champignons de couche grossièrement émincés
1 brin de thym frais
250 g de tomates cerises
200 g de mini-courgettes coupées en deux
8 pâtissons coupés en deux
2 petits bulbes de fenouil épluchés et coupés en quatre
300 g d'échalotes pelées
80 ml de vin blanc sec
1 pain pide long
1 petit bouquet de persil plat frais

1 Préchauffez le four à 200 °C.

2 Coupez les poivrons en quatre et débarrassez-les des pépins et de la membrane. Piquez les aubergines à la fourchette. Disposez-les avec l'ail et les poivrons sur une plaque de cuisson huilée, la peau sur le dessus. Faites-les griller 30 minutes au four, jusqu'à ce que la peau des poivrons commence à cloquer. Couvrez les poivrons de film alimentaire ou de papier d'aluminium et laissez refroidir 5 minutes avant de les peler et de les découper en tranches épaisses.

3 Quand ils sont assez froids pour être manipulés, épluchez l'ail et l'aubergine. Au batteur ou au robot, mixez l'aubergine, l'ail et le jus de citron. Sans cesser de mixer, versez la moitié de l'huile en un filet fin et régulier pour obtenir une purée homogène. Réservez cette préparation.

4 Mélangez les champignons, le thym et 1 cuillerée à soupe d'huile dans un plat à gratin. Mettez les tomates, les courgettes, le pâtisson et 1 cuillerée à soupe d'huile dans un autre plat. Faites cuire 20 minutes au four. Les légumes doivent être juste tendres.

5 Faites chauffer le reste d'huile dans une casserole et faites revenir le fenouil et les échalotes pendant 5 minutes. Versez le vin, couvrez et laissez mijoter 20 minutes en remuant régulièrement. Égouttez bien en réservant le liquide de cuisson. Incorporez ce dernier à la purée d'aubergines et mixez jusqu'à obtention d'un mélange lisse.

6 Ouvrez le pain pide puis recoupez-le en morceaux. Faites griller ces morceaux au four ou sur une plaque en fonte légèrement huilée puis répartissez-les dans les assiettes de service. Garnissez de champignons, de légumes rôtis et de fenouil confit. Servez avec le caviar d'aubergines.

Par portion lipides 37,6 g ; 928 kcal

Fattoush

Pour 4 personnes.

PRÉPARATION 30 MINUTES • CUISSON 5 MINUTES

pains pita
huile d'olive pour la friture
**450 g de tomates
   grossièrement concassées**
**350 g de poivron vert
   grossièrement haché**
**2 mini-concombres épépinés
   et émincés**
150 g de radis rouges émincés
**100 g d'oignons de printemps
   émincés**
1 petit bouquet de persil plat
**30 g de menthe fraîche
   grossièrement ciselée**

Sauce à l'ail et au citron
2 gousses d'ail pilées
60 ml d'huile d'olive
60 ml de jus de citron

1 Préparez la sauce au citron.

2 Ouvrez les pains pitas puis recoupez chaque moitié en tranches
   de 2,5 cm. Faites chauffer l'huile
   dans une grande poêle et faites
   frire le pain puis égouttez-le sur
   du papier absorbant.

3 Mettez les trois quarts du pain
   dans un saladier avec le reste
   des ingrédients. Versez la sauce et
   mélangez délicatement. Servez le
   reste de pain pita sur le fattoush.

Sauce à l'ail et au citron Mélangez
   tous les ingrédients dans un bocal,
   fermez le couvercle et secouez
   vigoureusement.

Par portion   lipides 30,6 g ; 630 kcal

L'ASTUCE DU CHEF
Pour une version allégée, faites
griller le pain pitta au four au
lieu de le faire frire. Vous pouvez
badigeonner les morceaux avec
un peu d'huile mais en ayant la
main légère.

20

Tortellini et tagliatelles de légumes, sauce moutarde au citron

Pour 4 personnes.

PRÉPARATION 25 MINUTES • CUISSON 10 MINUTES

360 g de carottes
360 g de courgettes
600 g de bulbes de fenouil
170 g d'oignon rouge
375 g de tortellini aux épinards et à la ricotta
2 c. s. de frondes de fenouil
200 g de feta émiettée

Sauce moutarde au citron

2 c. c. de moutarde de Dijon
2 c. c. de sucre
125 ml de jus de citron
60 ml d'huile d'olive

1 Avec un couteau bien aiguisé ou une mandoline, détaillez les légumes en fins rubans puis mettez-les dans un saladier résistant à la chaleur. Couvrez d'eau bouillante, laissez reposer 30 secondes puis égouttez. Passez les légumes sous l'eau froide et égouttez-les à nouveau.

2 Faites cuire les pâtes dans un grand volume d'eau bouillante salée.

3 Pendant ce temps, préparez la sauce.

4 Mélangez les pâtes et les légumes dans un saladier avec les frondes de fenouil, la feta et la sauce. Remuez délicatement et servez.

Sauce moutarde au citron Mélangez tous les ingrédients dans un bocal, fermez le couvercle et secouez vigoureusement.

Par portion lipides 29,6 g ; 500 kcal

Polenta grillée aux herbes, salade verte, olives et tomates séchées

Pour 4 personnes.

PRÉPARATION 15 MINUTES • RÉFRIGÉRATION 3 HEURES • CUISSON 30 MINUTES

500 ml d'eau
500 ml de bouillon de légumes
170 g de polenta
25 g de parmesan râpé
1 c. s. de persil plat frais ciselé
1 c. s. de basilic frais ciselé

Salade d'olives et de tomates séchées

1 mini-romaine
200 g de tomates séchées marinées dans l'huile
4 oignons de printemps émincés
50 g d'olives noires émincées

Mayonnaise aux épices

225 g de mayonnaise
1 pincée de poivre de Cayenne
1/4 c. c. de cumin moulu
1/4 c. c. de coriandre moulue
1/4 c. c. de curcuma moulu
1 c. s. de jus de citron

1 Mélangez l'eau et le bouillon dans une casserole et portez à ébullition. Versez la polenta en pluie dans le liquide en remuant constamment. Baissez le feu et faites cuire 10 minutes sans cesser de remuer, jusqu'à épaississement. Incorporez alors le parmesan, le persil et le basilic.

2 Étalez la polenta dans un grand moule carré et laissez-la tiédir 10 minutes. Couvrez puis mettez au réfrigérateur pendant 3 heures.

3 Démoulez la polenta sur une planche puis coupez les bords pour qu'ils soient réguliers. Découpez la polenta en huit triangles. Faites-la dorer sur une plaque en fonte huilée ou au barbecue.

4 Préparez la salade d'olives et de tomates séchées, puis la mayonnaise aux épices. Répartissez la polenta sur les assiettes de service, garnissez de salade et nappez de mayonnaise.

Salade d'olives et de tomates séchées   Mélangez la romaine, les tomates, les oignons et les olives dans un saladier.

Mayonnaise aux épices   Mélangez tous les ingrédients au fouet dans un bol.

Par portion   lipides 25,7 g ; 539 kcal

Poivrons, aubergines et bocconcini

Pour 4 personnes.

PRÉPARATION 35 MINUTES • CUISSON 35 MINUTES

1,4 kg de poivrons rouges
320 g de champignons de Paris
360 g d'aubergines coupées
  en deux dans la longueur
150 g de mesclun
420 g de bocconcini
  en tranches fines

Vinaigrette au citron

2 c. s. de jus de citron
2 c. s. d'huile d'olive
1 c. c. de zeste de citron
  finement râpé

Sauce au basilic

2 c. s. de vinaigre de vin
  rouge
1 c. s. de moutarde de Meaux
50 g de basilic frais
1 c. s. d'eau
60 ml d'huile d'olive

1 Préparez les deux sauces.

2 Coupez les poivrons en quatre puis retirez les membranes blanches et les pépins. Passez-les sous le gril du four, côté peau vers le haut, jusqu'à ce qu'ils noircissent et commencent à cloquer.

3 Faites griller les champignons et les aubergines sur une plaque en fonte huilée. Mettez le mesclun dans un saladier, assaisonnez-le avec la vinaigrette puis remuez délicatement

4 Répartissez le mesclun, les champignons, les aubergines, le bocconcini et les poivrons dans les assiettes de service. Nappez de sauce au basilic et servez.

Par portion lipides 40,2 g ; 548 kcal

Salade orientale

Pour 4 personnes.

PRÉPARATION 40 MINUTES

300 g de semoule
375 ml d'eau bouillante
270 g de dattes dénoyautées
    coupées en quartiers
100 g de noix grillées
    grossièrement concassées
1 c. s. d'huile d'olive
1 c. s. d'huile de noix
1 kg de pamplemousses
    pelés, en tranches fines
480 g d'oranges pelées,
    en tranches fines
210 g de radis émincés
80 g de mizuna
1 bouquet de menthe fraîche
1 bouquet de coriandre fraîche

Sauce à l'orange
et à l'huile de noix

125 ml de jus d'orange
2 c. c. de sucre
2 c. s. d'huile de noix
2 c. s. d'huile d'olive
1/2 c. c. de cannelle moulue

1 Versez la semoule dans un saladier résistant à la chaleur, ajoutez
l'eau bouillante, couvrez et laissez
reposer 5 minutes. Quand tout le
liquide est absorbé, remuez avec
une fourchette pour aérer la
graine. Laissez refroidir 10 minutes avant d'incorporer les dattes,
les noix, l'huile d'olive et l'huile
de noix.

2 Préparez la sauce.

3 Incorporez le pamplemousse,
l'orange, le radis, la mizuna,
la menthe et la coriandre
puis mélangez délicatement.
Répartissez la salade dans les
assiettes de service et nappez
de sauce.

Sauce à l'orange et à l'huile de
noix Mélangez tous les ingrédients dans un bocal, fermez le
couvercle et secouez vigoureusement.

Par portion lipides 46,9 g ; 860 kcal

Salade toscane
aux haricots blancs

Pour 4 personnes.

PRÉPARATION 20 MINUTES

800 g de haricots blancs en boîte rincés et égouttés
170 g d'oignon rouge finement haché
100 g de tomates séchées marinées dans l'huile
150 g de mozarella coupée en dés
75 g d'olives noires dénoyautées
150 g de roquette

Sauce au vinaigre balsamique et à l'origan
1 gousse d'ail pilée
1 c. s. d'origan frais ciselé
60 ml de vinaigre balsamique
60 ml d'huile d'olive

1 Mélangez les haricots, les oignons, les tomates, la mozarella et les olives dans un saladier.
2 Préparez la sauce, nappez-en la salade et remuez délicatement. Servez avec la roquette.

Sauce au vinaigre balsamique et à l'origan Mélangez tous les ingrédients dans un bocal, fermez le couvercle et secouez vigoureusement.

Par portion lipides 16,4 g ; 252 kcal

Pois chiches
et riz complet aux rissoles
de pomme de terre

Pour 4 personnes.

PRÉPARATION 20 MINUTES • CUISSON 35 MINUTES

Séchées et grillées, les pépitas (graines de potiron) se consomment dans une recette ou toutes seules, comme les graines de tournesol. On les trouve facilement dans les magasins diététiques et les supermarchés.

300 g de riz complet
480 g de petites pommes de terre coupées en cubes
500 g de kumaras détaillés en gros morceaux
2 c. s. de farine
2 c. s. de crème aigre
2 c. s. de ciboulette ciselée
35 g de farine en supplément
2 c. s. d'huile végétale
300 g de pois chiches en boîte rincés et égouttés
55 g de graines de citrouille
55 g de raisins secs
3 branches de céleri émincées
2 c. s. de persil plat émincé
20 g de menthe ciselée
I c. s. de zeste de citron râpé
I oignon rouge moyen émincé
3 petites tomates concassées

Sauce tahini
2 c. s. de tahini
125 ml de jus de citron
60 ml d'huile d'olive

1 Faites cuire le riz dans de l'eau bouillante salée, sans couvrir, puis égouttez-le, rincez-le sous l'eau froide et égouttez-le à nouveau.

2 Faites cuire séparément les pommes de terre et les kumaras. Égouttez-les et mélangez-les. Réduisez-les en purée dans un saladier puis laissez refroidir 10 minutes.

3 Préparez la sauce.

4 Tamisez la farine sur la purée puis incorporez la crème aigre et la ciboulette. Formez 8 galettes et enrobez-les de farine. Faites chauffer l'huile dans une poêle à fond épais et faites dorer les galettes. Couvrez-les pour les garder au chaud.

5 Mettez le riz dans un saladier avec la sauce, les pois chiches, les graines de citrouille, les raisins secs, le céleri, le persil, la menthe, le zeste de citron, l'oignon et la tomate. Mélangez délicatement. Servez avec les rissoles de pomme de terre.

Sauce tahini   Mélangez tous les ingrédients dans un bocal, fermez le couvercle et secouez vigoureusement.

Par portion   lipides 43,3 g ; 967 kcal

À la volaille

Canard rôti et légumes sautés, sauce hoisin

Pour 4 personnes.

PRÉPARATION 25 MINUTES • CUISSON 20 MINUTES

Pour cette recette, nous avons désossé un canard chinois au barbecue, que l'on trouve chez les traiteurs asiatiques ou dans les restaurants de vente à emporter.

1 kg de canard chinois cuit au barbecue
1 c. s. d'huile de sésame
6 oignons de printemps émincés
500 g de brocolis chinois coupés grossièrement
500 g de chou chinois
200 g de champignons shiitake frais coupés en quatre
60 ml d'eau
150 g de pois gourmands
160 de pousses de soja
2 c. s. de graines de sésame grillées

Sauce hoisin
10 g de gingembre frais râpé
2 c. s. de sauce de soja
1 c. s. d'huile de sésame
1 gousse d'ail pilée
1 petit piment rouge frais finement haché
60 ml de sauce hoisin

1 Préchauffez le four à 200 °C.

2 Découpez le canard en morceaux puis désossez-le. Découpez la chair en tranches épaisses en gardant la peau puis faites-la dorer au four jusqu'à ce que la peau soit bien croustillante. Jetez la graisse rendue.

3 Préparez la sauce.

4 Faites chauffer l'huile dans un wok et faites revenir l'oignon, les brocolis et le chou chinois jusqu'à ce qu'ils soient juste flétris (procédez en plusieurs fois). Réservez au chaud.

5 Ajoutez les champignons dans la poêle, saisissez-les 2 minutes puis versez l'eau et portez à ébullition. Réduisez le feu et laissez mijoter encore 2 minutes à découvert.

6 Mettez le canard, les légumes et les champignons dans un saladier avec la sauce et les pois gourmands. Mélangez délicatement. Répartissez les pousses de soja dans les assiettes de service, garnissez de salade mélangée et parsemez de graines de sésame.

Sauce hoisin Mélangez tous les ingrédients dans une petite casserole et portez à ébullition. Réduisez alors le feu et laissez mijoter 2 minutes à découvert. Laissez tiédir 10 minutes.

Par portion lipides 33,4 g 521 kcal

Artichaut et poulet fumé, sauce aux câpres

Pour 4 personnes.

PRÉPARATION 30 MINUTES • CUISSON 20 MINUTES

2 poivrons jaunes moyens

2 c. s. d'huile d'olive

**4 petites aubergines
émincées**

**2 grosses courgettes
émincées**

**340 g de quartiers de cœur
d'artichaut en conserve
égouttés**

**550 g de blanc de poulet
fumé en tranches fines**

400 g de cresson

Sauce aux câpres

2 œufs durs coupés en quatre

1 c. s. de câpres égouttées

2 c. s. de vinaigre de vin blanc

**2 c. s. d'origan grossièrement
ciselé**

**1 gousse d'ail coupée
en quatre**

80 ml d'huile d'olive

1 Coupez les poivrons en quatre et débarrassez-les des graines et des membranes. Faites-les rôtir au gril ou sur la plaque de cuisson à four très chaud jusqu'à ce que la peau noircisse et commence à cloquer. Couvrez les poivrons de film alimentaire ou de papier d'aluminium 5 minutes puis détaillez-les en fines lanières.

2 Préparez la sauce aux câpres.

3 Badigeonnez d'huile les aubergines et les courgettes puis faites-les cuire sur un gril en fonte ou au barbecue jusqu'à ce qu'elles soient légèrement dorées. Laissez refroidir.

4 Mettez les poivrons, les aubergines et les courgettes dans un saladier avec les artichauts, le poulet et la sauce puis mélangez délicatement. Servez cette salade sur le cresson.

Sauce aux câpres Mixez les œufs, les câpres, le vinaigre, l'origan et l'ail. Sans cesser de mixer, versez l'huile en un filet mince et régulier jusqu'à épaississement.

Par portion lipides 37,1 g 483 kcal

Poulet et haricots verts au citron confit

Pour 4 personnes.

PRÉPARATION 15 MINUTES • CUISSON 5 MINUTES

Ingrédient très courant de la cuisine d'Afrique du Nord, les citrons confits sont conservés dans la saumure. Pour les cuisiner, rincez-les soigneusement et ne gardez que l'écorce.

160 g de raisins de Smyrne
250 ml d'eau chaude
60 ml de jus de citron
900 g de poulet grillé
175 g de petits haricots verts
2 c. s. de citron confit émincé
340 g de quartiers de cœur d'artichaut en boîte égouttés
1 bouquet de persil plat frais
2 c. s. d'huile d'olive
2 c. s. de vinaigre de vin blanc

1 Mélangez les raisons de Smyrne, l'eau chaude et le jus de citron dans un saladier. Couvrez et laissez reposer 5 minutes.

2 Pendant ce temps, débarrassez le poulet de la peau et des os puis découpez la viande en tranches épaisses.

3 Faites cuire les haricots verts à l'eau ou à la vapeur jusqu'à ce qu'ils soient tendres. Égouttez-les, rincez-les sous l'eau froide et égouttez-les à nouveau.

4 Mettez les raisins, le poulet et les haricots dans un saladier avec le zeste de citron, les artichauts, le persil, l'huile et le vinaigre puis mélangez délicatement.

Par portion lipides 20,2 g 477 kcal

Salade de poulet bang bang

Pour 4 personnes.

PRÉPARATION 20 MINUTES • CUISSON 10 MINUTES

D'origine japonaise, les nouilles udon, à base de farine de blé, sont généralement vendues fraîches, mais vous les trouverez sous forme sèche dans les épiceries asiatiques.

500 g de blanc de poulet
200 g de haricots verts coupés en deux
300 g de nouilles udon sèches
80 g de feuilles de chou chinois
1 bouquet de coriandre fraîche

Sauce sésame et cacahuètes
75 g de graines de sésame grillées
75 g de cacahuètes grillées non salées
125 ml de mirin
80 ml de saké

1 Faites pocher le poulet 10 minutes dans l'eau bouillante puis laissez-le refroidir 10 minutes dans le récipient avant de l'émincer finement.

2 Faites cuire les haricots à l'eau ou à la vapeur. Égouttez-les, rincez-les sous l'eau froide et égouttez-les à nouveau.

3 Préparez la sauce.

4 Faites cuire les nouilles udon dans un grand volume d'eau bouillante. Quand elles sont juste tendres, égouttez-les, passez-les sous l'eau froide et égouttez-les à nouveau.

5 Mettez le poulet, les haricots verts et les nouilles dans un saladier avec les feuilles de chou, la coriandre et la sauce. Mélangez délicatement.

Sauce sésame et cacahuètes Broyez tous les ingrédients au robot ou au mixeur.

Par portion lipides 26,9 g 689 kcal

Manchons de poulet marinés et salade de haricots noirs

Pour 4 personnes.

PRÉPARATION 40 MINUTES • MARINADE ET TREMPAGE 12 HEURES
CUISSON 40 MINUTES

Pour cette recette, choisissez des haricots noirs de la variété tortue, d'origine sud-américaine. D'un noir de jais, avec un petit œil blanc, on les trouve dans les magasins de fruits et légumes, en grandes surfaces ou dans les épiceries fines.

12 pilons de poulet
60 ml de ketjap manis
60 ml de jus de citron vert
2 gousses d'ail pilées
200 g de haricots noirs séchés
4 épis de maïs frais
1 oignon rouge finement haché
20 g de persil plat grossièrement ciselé
200 g de pousses d'épinard
1 poivron rouge moyen en petits cubes
1 poivron vert moyen en petits cubes
30 g de basilic grossièrement ciselé

Sauce au piment et au citron vert
3 piments rouges frais épépinés et finement hachés
1 c. s. de zeste de citron vert finement râpé
125 ml d'huile d'olive
80 ml de jus de citron vert

1 Mélangez le poulet, le ketjap manis, le jus de citron et l'ail dans un saladier. Couvrez et réservez une nuit au réfrigérateur.

2 Mettez les haricots dans un saladier. Couvrez-les d'eau froide et laissez-les reposer une nuit avant de les égoutter.

3 Rincez les haricots sous l'eau froide puis égouttez-les à nouveau avant de les faire cuire 30 minutes dans l'eau bouillante. Salez en fin de cuisson puis égouttez-les.

4 Préparez la sauce.

5 Faites dorer le maïs sur un gril en fonte huilé. Quand il est assez froid pour être manipulé, détachez les grains avec un couteau pointu. Faites cuire le poulet sans l'égoutter sur le gril en fonte, en procédant en plusieurs tournées.

6 Mettez les haricots et le maïs dans un saladier avec l'oignon, le persil, les épinards, les poivrons, le basilic et la sauce. Remuez délicatement. Répartissez cette salade dans les assiettes de service et garnissez de trois manchons par assiette.

Sauce au piment et au citron vert   Mélangez tous les ingrédients dans un bocal, fermez le couvercle et secouez vigoureusement.

Par portion   lipides 47 g ; 939 kcal

Pâtes et foies de volaille

Pour 4 personnes.

PRÉPARATION 10 MINUTES • CUISSON 15 MINUTES

Les parpadelles ou lasagnettes sont des pâtes longues, deux fois moins larges que les lasagnes traditionnelles et les fettucine. Coupées en rubans, elles ont la taille idéale pour se marier avec les foies et la roquette de cette recette.

**250 g de parpadelles
ou de lasagnettes**
500 g de foies de volaille
150 g de roquette
1 c. s. de zeste de citron râpé
50 g de pistaches grillées

Sauce moutarde au citron
2 c. s. de moutarde de Dijon
1 gousse d'ail pilée
80 ml d'huile d'olive
60 ml de jus de citron

1 Faites cuire les pâtes dans une grande casserole d'eau bouillante salée. Rincez-les sous l'eau froide et égouttez-les. Découpez-les en rubans de 2 cm.

2 Préparez la sauce à la moutarde et au citron.

3 Coupez chaque foie de poulet en deux et faites-les revenir 2 minutes dans une poêle bien chaude légèrement huilée. Procédez en plusieurs tournées.

4 Mettez les pâtes et les foies de volaille dans un saladier avec la sauce, la roquette, le zeste de citron et les pistaches grillées. Mélangez délicatement.

Sauce moutarde au citron Mélangez tous les ingrédients dans un bocal, fermez le couvercle et secouez vigoureusement.

Par portion lipides 30,4 g ; 593 kcal

Salade de poulet à l'ancienne

Pour 4 personnes.

PRÉPARATION 40 MINUTES • CUISSON 15 MINUTES

1 litre d'eau bouillante
1 litre de bouillon de volaille
700 g de blanc de poulet
1 baguette, coupée en
   tranches fines
150 g de mayonnaise
2 c. s. d'huile d'olive
120 g de crème aigre
2 c. s. de jus de citron
4 branches de céleri
   émincées
1 oignon blanc moyen émincé
3 concombres marinés
   au vinaigre et à l'aneth
   ou 3 gros cornichons
2 c. s. de persil plat ciselé
1 c. s. d'estragon ciselé
1 belle laitue boston

1 Portez l'eau et le bouillon à ébullition dans une sauteuse et faites pocher le poulet 10 minutes, jusqu'à ce qu'il soit cuit à point. Laissez-le refroidir 10 minutes dans le liquide de cuisson avant de l'émincer. Jetez le liquide.

2 Pendant ce temps, badigeonnez d'huile les tranches de pain sur les deux faces et faites-les dorer sous le gril du four.

3 Battez la mayonnaise, la crème et le jus de citron. Mélangez le poulet, le céleri, l'oignon, le concombre détaillé en fines tranches, le persil et l'estragon dans un saladier puis remuez délicatement. Disposez les feuilles de laitue sur le plat de service, garnissez de salade au poulet et de croûtons puis nappez de sauce.

Par portion   lipides 41,1 g ; 794 kcal

L'ASTUCE DU CHEF

Laissez refroidir le poulet dans son jus de cuisson pour éviter qu'il ne se dessèche

Salade César

Pour 4 personnes.

PRÉPARATION 20 MINUTES • CUISSON 35 MINUTES

1 baguette
125 ml d'huile d'olive
2 gousses d'ail pilées
600 g de blanc de poulet
4 tranches de bacon sans la couenne
1 belle romaine
6 oignons de printemps émincés
20 g de persil plat grossièrement ciselé
100 g de parmesan en copeaux

Sauce César

1 œuf
1 gousse d'ail en quartiers
2 c. s. de jus de citron
1 c. c. de moutarde de Dijon
6 filets d'anchois égouttés
180 ml d'huile d'olive
1 c. s. d'eau chaude

1 Préchauffez le four à 160 °C. Préparez la sauce.

2 Coupez la baguette en tranches de 1 cm d'épaisseur légèrement biseautées. Mélangez l'huile et l'ail dans un saladier et passez les tranches de pain dans ce mélange. Disposez-les en une seule couche sur une plaque de cuisson puis faites-les griller 10 minutes au four en les retournant à mi-cuisson.

3 Faites cuire les blancs de poulet sur un gril en fonte huilé. Saisissez le bacon sur le même gril puis égouttez-le sur du papier absorbant. Émincez le poulet et le bacon.

4 Mettez le poulet, le bacon, les croûtons, la sauce, l'oignon, le persil et le parmesan dans un saladier. Remuez bien avant d'ajouter les feuilles de romaine. Remuez délicatement et servez.

Sauce César   Au robot ou au mixeur, mélangez l'œuf, l'ail, le jus de citron, la moutarde et les anchois pour obtenir une pâte lisse. Sans cesser de battre, versez l'huile en un filet mince et régulier jusqu'à épaississement. Si vous préférez une sauce moins épaisse, ajoutez un peu d'eau.

Par portion   lipides 88,5 g ; 5 108 kcal

L'ASTUCE DU CHEF

On peut préparer la sauce et les croûtons la vieille. Couvrez et réservez la sauce au réfrigérateur et conservez les croûtons dans un récipient hermétique.

Poulet, riz et coriandre, sauce nam jim

Pour 4 personnes.

PRÉPARATION 20 MINUTES • CUISSON 50 MINUTES

La sauce nam jim étant très relevée, ajustez la quantité de piment en fonction de vos goûts et proposez-la à part pour que chaque convive se serve à sa convenance.

1 litre d'eau
1 tige de citronnelle
2 étoiles d'anis
1 morceau de gingembre émincé
600 g de blanc de poulet
50 g de riz sauvage
1 c. s. d'huile d'arachide
1 oignon brun émincé
150 g de riz basmati
300 g de pois gourmands
1 poivron jaune détaillé en fines lanières
150 g de mizuna
1 petit bouquet de coriandre fraîche

Sauce nam jim
1 blanc de citronnelle émincé
2 gousses d'ail en quartiers
2 piments verts émincés
2 c. s. de jus de citron
2 c. s. d'huile d'arachide
1 c. s. de sucre roux
1 c. s. de nuoc-mâm

1 Mettez l'eau dans une casserole avec la citronnelle, l'anis étoilé et le gingembre. Portez à ébullition puis faites pocher le poulet 10 minutes dans ce bouillon frémissant. Laissez ensuite reposer 10 minutes dans le liquide avant de sortir la viande. Filtrez le bouillon et réservez-le. Émincez le blanc de poulet.

2 Préparez la sauce nam jim.

3 Mettez à cuire le riz sauvage dans une casserole, couvrez avec deux volumes d'eau bouillante salée, couvrez et laissez cuire 50 minutes à feu doux. Il doit être juste tendre.

4 Faites chauffer l'huile dans une sauteuse et faites revenir l'oignon jusqu'à ce qu'il soit doré. Ajoutez alors le riz basmati en mélangeant bien puis versez le bouillon réservé et laissez cuire 15 minutes à feu doux. Égouttez et laissez refroidir 10 minutes. Incorporez le riz sauvage.

5 Faites cuire les pois gourmands à la vapeur. Ils doivent rester croquants. Laissez refroidir.

6 Présentez le riz, le poivron, la mizuna, le poulet et les pois gourmands dans un plat de service. Servez avec la sauce nam jim.

Par portion   lipides 16,6 g ; 2 173 kcal

Poulet grillé, roquette et patate douce

Pour 4 personnes.

PRÉPARATION 25 MINUTES • MARINADE 2 HEURES • CUISSON 20 MINUTES

900 g de blanc de poulet
2 c. s. d'huile d'olive
2 gousses d'ail hachées
2 c. s. de paprika fort
1 c. s. de zeste de citron finement râpé
1 c. s. de jus de citron
500 g de patate douce en tranches fines
150 g de roquette

Sauce aux noix de pécan
125 g de noix de pécan grossièrement concassées
180 g de tomates épépinées, concassées
1 oignon rouge moyen finement haché
30 g de persil plat ciselé
80 ml d'huile d'olive
60 ml de vinaigre balsamique
1 gousse d'ail pilée
2 c. c. de zeste de citron finement râpé

1 Mélangez le poulet, l'huile, l'ail, le paprika, le zeste et le jus de citron dans un saladier. Couvrez et laissez mariner 2 heures au réfrigérateur.

2 Préparez la sauce aux noix de pécan.

3 Faites cuire les tranches de patate douce sur un gril en fonte huilé pour qu'elles soient dorées de toutes parts et juste tendres.

4 Égouttez le poulet et jetez la marinade. Faites cuire le poulet sur le gril. Quand il est cuit à point, couvrez-le et laissez-le refroidir 5 minutes avant de le découper en tranches épaisses.

5 Disposez les tranches de patate douce, la roquette et le poulet dans les assiettes de service. Nappez de sauce et servez aussitôt.

Sauce aux noix de pécan Mélangez les noix de pécan, les tomates, l'oignon et le persil dans un bol. Battez l'huile, le vinaigre balsamique, l'ail et le zeste de citron dans un autre bol puis incorporez cette sauce au premier mélange.

Par portion lipides 55,4 g ; 805 kcal

L'ASTUCE DU CHEF
On peut remplacer la patate douce par du potiron et la roquette par des pousses d'épinards.

Poulet fumé aux poireaux, sauce moutarde à l'orange

Pour 4 personnes.

PRÉPARATION 35 MINUTES

200 g de poireaux

180 g de carotte

200 g de poivron rouge émincé

200 g de poivron jaune émincé

500 g de blanc de poulet fumé en tranches fines

200 g de pois gourmands émincés

1 petite laitue à couper

Sauce moutarde à l'orange

2 c. s. de jus d'orange

2 c. s. de vinaigre de cidre

2 c. c. de zeste d'orange finement râpé

1 c. s. de moutarde de Meaux

1 c. s. de crème aigre

60 ml d'huile d'olive

1 Préparez la sauce.

2 Coupez les poireaux en tronçons de 8 cm et recoupez ces derniers en julienne. Procédez de même avec les carottes.

3 Mettez la julienne de poireau et de carotte dans un saladier avec la sauce, les poivrons rouge et jaune, le poulet fumé, les pois gourmands et la laitue. Mélangez délicatement.

Sauce moutarde à l'orange Mélangez tous les ingrédients dans un bocal, fermez le couvercle et secouez vigoureusement.

Par portion lipides 25 g ; 402 kcal

Semoule et saucisses de poulet

Pour 4 personnes.

PRÉPARATION 25 MINUTES • CUISSON 15 MINUTES

8 saucisses de poulet

375 ml de bouillon de volaille

300 g de semoule

70 g de zeste de citron confit haché (voir p. 33)

1 poivron rouge émincé

300 g de pois chiches en boîte rincés et égouttés

120 g de grosses olives vertes coupées en deux

1 petit bouquet de coriandre fraîche

1 petit oignon blanc émincé

80 ml de jus de citron

80 ml d'huile d'olive

1 Faites cuire les saucisses sur un gril en fonte huilé. Quand elles sont à point, égouttez-les sur du papier absorbant et découpez-les en fines rondelles.

2 Portez le bouillon à ébullition dans une casserole. Retirez du feu et incorporez la semoule. Couvrez et laissez reposer 5 minutes, en égrenant régulière-ment la semoule à la fourchette pour l'aérer.

3 Mettez les saucisses et la semoule dans un saladier avec le zeste de citron, le poivron, les pois chiches, les olives vertes, la coriandre, l'oignon blanc, le jus de citron et l'huile d'olive. Mélangez délicatement.

Par portion lipides 57,2 g ; 983 kcal

Cailles, raisin et mandarine

Pour 4 personnes.

PRÉPARATION 40 MINUTES • MARINADE 20 MINUTES • CUISSON 20 MINUTES

8 cailles
4 piments rouges grossièrement hachés
2 gousses d'ail coupées en deux
60 ml d'huile d'olive
2 c. s. de jus de citron
800 g de mandarines
300 g de pois gourmands coupés en deux
340 g de cresson
160 g d'amandes blanchies et grillées
200 g grains de raisin épépinés et coupés en deux

1 Avec des ciseaux de cuisine, incisez les cailles de chaque côté de la colonne vertébrale et retirez celle-ci. Posez les cailles à plat sur une planche à découper. Retirez la cage thoracique et coupez les cailles en quatre.

2 Mixez le piment, l'ail, l'huile et la moitié du jus de citron jusqu'à obtention d'une pâte lisse. Mettez cette pâte avec les cailles dans un saladier. Couvrez et réservez 20 minutes au réfrigérateur.

3 Pendant ce temps, pelez les mandarines à vif puis détaillez-les en quartiers, en récupérant le jus dans un saladier. Réservez le tout.

4 Faites cuire les cailles sans les égoutter sur un gril en fonte huilé, jusqu'à ce qu'elles soient dorées de toutes parts.

5 Faites cuire les pois gourmands à l'eau ou à la vapeur puis égouttez-les.

6 Mettez les cailles et les pois dans un saladier avec les quartiers de mandarine et leur jus, le cresson, les amandes, le raisin et le reste de jus de citron. Mélangez délicatement.

Par portion lipides 62,4 g ; 889 kcal

LES ASTUCES DU CHEF

- On peut aussi faire cuire les cailles au four 15 minutes à température moyenne.
- Vous pouvez commander des cailles désossées chez votre volailler ou votre boucher.

Dinde, pois gourmands et fèves

Pour 6 personnes.

PRÉPARATION 1 H 15 • CUISSON 50 MINUTES

1,2 kg de blanc de dinde
1 c. s. d'huile d'olive
1 c. s. de sel de mer
1/2 c. c. de poivre noir du moulin
2 c. c. de zeste de citron finement râpé
330 g de risoni
750 g de fèves fraîches
280 g de petits pois écossés
500 g de pois gourmands
20 g de menthe fraîche grossièrement ciselée
200 g de vrilles de pois gourmands
50 g de roquette

Sauce moutarde au citron
2 c. s. de jus de citron
2 c. c. de moutarde de Meaux
2 c. s. de vinaigre de vin blanc
1 c. c. de sucre
80 ml d'huile d'olive

1 Préchauffez le four à 160 °C.

2 Ficelez le blanc de dinde tous les 6 cm et mettez-le sur une plaque de cuisson huilée. Badigeonnez-le d'huile d'olive, salez et poivrez, ajoutez le zeste de citron et frottez bien pour faire pénétrer cet assaisonnement. Couvrez de papier d'aluminium et faites cuire au four 40 minutes. Retirez le papier d'aluminium et prolongez la cuisson 10 minutes.

3 Préparez la sauce moutarde.

4 Faites cuire les risoni dans un grand volume d'eau bouillante salée puis égouttez-les, rincez-les sous l'eau froide et égouttez-le à nouveau.

5 Écossez les fèves et faites-les cuire à l'eau ou à la vapeur. Égouttez-les, rincez-les sous l'eau froide et égouttez-les à nouveau. Débarrassez-les de leur peau blanche.

6 Faites cuire les petits pois et les pois gourmands séparément, à l'eau ou à la vapeur, puis égouttez-les, rincez-les sous l'eau froide et égouttez-les à nouveau.

7 Mettez les risoni, les fèves, les petits pois et les pois gourmands dans un saladier avec la menthe, les vrilles de pois gourmands, la roquette et la sauce. Mélangez délicatement. Découpez le blanc de dinde en tranches fines et disposez ces dernières sur la salade.

Sauce moutarde au citron Mettez tous les ingrédients dans un bocal, fermez et agitez vigoureusement.

Par portion lipides 35,2 g ; 1 011 kcal

Salade du Couronnement

Pour 4 personnes.

PRÉPARATION 15 MINUTES • CUISSON 20 MINUTES

Créée par le célèbre chef anglais Constance Spry, cette salade de poulet a été servie pour la première fois en 1953, à l'occasion du couronnement de la reine d'Angleterre Elisabeth II.

300 g de riz basmati
700 de blanc de poulet
300 g de mayonnaise
120 g de crème aigre
1 c. c. de curry en poudre
1 bouquet de basilic frais
850 g de nectarines coupées
   en quartiers
300 g de noix de cajou
   grillées non salées

1 volume d'eau bouillante salée. Quand il est tendre, égouttez-le, rincez-le sous l'eau froide et égouttez-le à nouveau.

2 Faites pocher le poulet 10 minutes dans une sauteuse remplie d'eau bouillante, jusqu'à ce qu'il soit cuit à point. Laissez-le refroidir 10 minutes dans le liquide de cuisson puis émincez-le.

3 Mélangez la mayonnaise, la crème aigre et le curry dans un saladier. Ajoutez le poulet, le basilic, les nectarines et trois quarts des noix de cajou. Remuez délicatement.

4 Répartissez le riz dans les assiettes de service, garnissez de poulet et décorez avec le reste des noix de cajou.

Par portion   lipides 77,6 g ; 1 353 kcal

Canard à l'orange, mâche et champignons

PRÉPARATION 25 MINUTES • CUISSON 15 MINUTES

2 c. s. de miel
60 ml de jus d'orange
2 c. s. de sauce de soja
1 gousse d'ail pilée
600 g de magret de canard
300 g de pleurotes
200 g de champignons
de Paris émincés
300 g de champignons
shiitake coupés en deux
3 grosses oranges détaillées
en quartiers
100 g de mâche

1 Préchauffez le four à 160 °C.

2 Mélangez le miel, le jus d'orange, la sauce de soja et l'ail dans un bol. Entaillez superficiellement les magrets de canard et badigeonnez-les avec les trois quarts de la sauce au miel.

3 Mettez les champignons avec le reste de sauce dans un grand plat. Disposez les magrets sur une grille au-dessus du plat et faites-les rôtir au four 10 minutes.

4 Sortez les magrets de canard et les champignons du four, égouttez ces derniers et réservez un tiers de leur jus de cuisson. Mettez-les champignons bien égouttés dans un saladier.

5 Remettez les magrets dans le four au-dessus du plat et finissez la cuisson sous le gril pour qu'ils dorent bien et que la peau soit croustillante. Quand ils sont à point, sortez-les du four, laissez reposer 3 minutes à température ambiante puis découpez-les en fines tranches.

6 Ajoutez les quartiers d'orange, la mâche et le jus réservé dans le saladier contenant les champignons. Remuez délicatement. Répartissez cette salade dans les assiettes de service et garnissez de tranches de canard.

Par portion lipides 9 g ; 338 kcal

Dinde grillée, salade d'endive et pamplemousse

Pour 4 personnes.

PRÉPARATION 40 MINUTES • CUISSON 15 MINUTES

800 g de blanc de dinde détaillé en dés de 2 cm
2 c. s. d'huile d'olive
1 gousse d'ail pilée
3 petits pamplemousses roses
500 g d'endives
2 branches de céleri émincées
1 bouquet de persil plat frais
1 oignon rouge moyen émincé
2 c. s. d'airelles séchées
35 g de pistaches grillées grossièrement concassées

Sauce aux agrumes
60 ml d'huile d'olive
1 c. s. de jus de citron vert
2 c. c. de sucre

1 Enfilez les dés de dinde sur les brochettes et badigeonnez-les d'huile et d'ail mélangés. Couvrez et réservez jusqu'à utilisation.

2 Détaillez les pamplemousses en quartiers au-dessus d'un saladier pour récupérer le jus. Réservez séparément les quartiers et le jus.

3 Effeuillez les endives et mettez-les avec les quartiers de pamplemousse. Ajoutez le céleri, le persil, l'oignon et les airelles. Préparez la sauce.

4 Faites cuire les brochettes sur un gril en fonte huilée jusqu'à ce que la viande soit bien dorée.

5 Versez la sauce sur la salade, ajoutez les pistaches et remuez délicatement. Servez la salade avec les brochettes de dinde.

Sauce aux agrumes   Passez le jus de pamplemousse réservé puis versez-le dans un bocal, ajoutez l'huile, le jus de citron vert et le sucre, fermez le couvercle et secouez vigoureusement.

Par portion   lipides 34,3 g ; 562 kcal

Manchons de poulet grillés et salade de chou

Pour 4 personnes.

PRÉPARATION 25 MINUTES • MARINADE 12 HEURES • CUISSON 20 MINUTES

La sauce piri piri est un mélange épicé au piment et au vinaigre vendu en bouteille dans la plupart des grandes surfaces.

16 pilons de poulet
125 ml de sauce piri piri
400 g de chou rouge émincé
400 g de chou blanc émincé
1 bouquet de menthe grossièrement ciselé

Sauce au piment

1 c. s. de sauce piri piri
125 ml d'huile d'arachide
60 ml de jus de citron

1 Mélangez le poulet et la sauce piri piri dans un saladier. Couvrez et laissez mariner toute une nuit au réfrigérateur.

2 Préparez la sauce forte.

3 Faites cuire le poulet sans l'égoutter sur un gril en fonte bien chaud jusqu'à ce qu'il soit bien doré et à point.

4 Mettez le chou, la menthe et la sauce forte dans un saladier. Remuez délicatement. Servez le poulet avec cette salade.

Sauce au piment   Mélangez tous les ingrédients dans un bocal, fermez le couvercle et secouez vigoureusement.

Par portion   lipides 49,5 g ; 642 kcal

À la viande

Salade de bœuf aux nouilles

Pour 4 personnes.

PRÉPARATION 25 MINUTES • MARINADE 12 HEURES • CUISSON 15 MINUTES

La menthe vietnamienne possède des feuilles étroites au goût très poivré. Le basilic thaï, dont les feuilles sont assez petites et les tiges légèrement pourpres, possède quant à lui une saveur légèrement anisée. Ces deux aromates se trouvent dans les alimentations exotiques mais vous pouvez les remplacer par de la menthe ou du basilic communs.

600 g de filet de bœuf émincé
1 c. s. d'huile d'arachide
1 kg de nouilles de riz fraîches
80 g de chou chinois émincé
80 g de chou rouge émincé
50 g de basilic thaï frais
50 g de menthe vietnamienne fraîche
50 g de coriandre fraîche
6 oignons de printemps émincés

Sauce au piment et au soja

60 ml de sauce au piment douce
60 ml de sauce de soja
2 c. s. de jus de citron vert
2 c. s. d'huile d'arachide
2 petits piments rouges épépinés et émincés
1 c. s. de citronnelle fraîche hachée
10 g de gingembre frais râpé

1 Préparez la sauce. Mettez le bœuf dans un saladier avec un tiers de la sauce, couvrez et laissez mariner toute une nuit au réfrigérateur.

2 Faites chauffer l'huile dans un wok ou une grande poêle et faites revenir le bœuf à feu vif, en procédant en plusieurs tournées.

3 Mettez les nouilles dans un saladier résistant à la chaleur, couvrez-les d'eau bouillante puis séparez-les à la fourchette. Égouttez-les, rincez-les sous l'eau froide et égouttez-les à nouveau.

4 Mettez le bœuf dans un saladier avec le chou chinois, le chou rouge, le basilic, la menthe, la coriandre, les oignons et le reste de sauce. Mélangez délicatement. Répartissez les nouilles dans des bols de service et garnissez de salade de bœuf.

Sauce au piment et au soja   Mélangez tous les ingrédients dans un bocal, fermez le couvercle et secouez vigoureusement.

Par portion   lipides 20,9 g ; 588 kcal

Pastrami, betteraves et pommes de terre, sauce au raifort

Pour 4 personnes.

PRÉPARATION 30 MINUTES • CUISSON 10 MINUTES

Le pastrami est un bœuf fumé très assaisonné, salé à sec, que l'on trouve dans la plupart des charcuteries et chez certains bouchers.

700 g de petites pommes de terre nouvelles coupées en deux
100 g de radis rouges
250 de batavia à bord rouge
300 g de pastrami coupé en tranches puis en gros morceaux
12 cornichons coupés en deux dans la longueur
2 c. s. d'aneth ciselé
1 c. s. d'huile d'olive
1 c. s. de vinaigre de vin rouge
3 betteraves rouges grossièrement râpées

Sauce au raifort

1 œuf
1 c. s. de crème de raifort
1 c. s. de jus de citron
125 ml d'huile d'olive

1 Faites cuire les pommes de terre à l'eau ou à la vapeur. Quand elles sont juste tendres, égouttez-les et laissez-les tiédir 10 minutes.

2 Pendant ce temps, préparez la sauce.

3 Émincez les radis dans la longueur puis détaillez ces tranches en fine julienne. Dans un grand saladier, mélangez les pommes de terre, les radis, la batavia, le pastrami, les cornichons et l'aneth. Versez l'huile et le vinaigre sur la betterave dans un autre saladier.

4 Répartissez la salade de pastrami dans les assiettes de service, garnissez de salade à la betterave et nappez de sauce au raifort.

Mayonnaise au raifort Battez l'œuf, la crème de raifort et le jus de citron puis versez l'huile en un filet régulier jusqu'à ce que la mayonnaise épaississe légèrement.

Par portion lipides 39,8 g ; 582 kcal

Carpaccio de bœuf à l'aïoli

Pour 4 personnes.

PRÉPARATION 20 MINUTES • CONGÉLATION 1 HEURE

Grand classique des antipasti italiens, le carpaccio de bœuf est traditionnellement assaisonné avec de l'huile d'olive et du jus de citron. Pour varier, nous le proposons ici avec un aïoli.

400 g de filet de bœuf
80 g de feuilles de roquette
**100 g de parmesan frais
   en copeaux**

Aïoli

1 œuf
**1 gousse d'ail coupée
   en quatre**
1 c. s. de jus de citron
1 c. s. de moutarde de Dijon
125 ml d'huile d'olive

1 Enveloppez le bœuf de film alimentaire et mettez-le au congélateur 1 heure, jusqu'à ce qu'il soit juste ferme.

2 Pendant ce temps, préparez l'aïoli.

3 À l'aide d'un couteau bien aiguisé, coupez le bœuf en tranches aussi minces que possible en ne retirant le film alimentaire qu'après la découpe. Répartissez les tranches dans les assiettes de service.

4 Disposez les feuilles de salade et les copeaux de parmesan sur le bœuf et arrosez d'un filet d'aïoli.

Aïoli Battez l'œuf, l'ail, le jus de citron et la moutarde puis versez l'huile en un filet fin et régulier pour faire épaissir la sauce.

Par portion lipides 41,8 g ; 510 kcal

Salade de bœuf thaïe

Pour 4 personnes.

PRÉPARATION 30 MINUTES • CUISSON 30 MINUTES

Les feuilles de kaffir, petit citronnier originaire d'Afrique du Sud et du Sud-Est asiatique, se trouvent chez les marchands de légumes et dans les épiceries asiatiques.

600 g de filet de bœuf
2 mini-concombres épépinés et émincés
80 g de germes de soja
1 oignon rouge moyen émincé
1 bouquet de coriandre fraîche
1 bouquet de menthe fraîche
6 feuilles de kaffir ciselées
huile végétale pour la friture
200 g de nouilles aux œufs sèches

Sauce aigre-douce
80 ml de jus de citron vert
2 c. s. de nuoc-mâm
1 c. s. de sucre roux
1 c. s. de citronnelle fraîche émincée
3 petits piments rouges émincés
1 gousse d'ail pilée

1 Préparez l'assaisonnement.

2 Faites cuire le bœuf sur un gril en fonte légèrement huilé. Couvrez et laissez reposer 10 minutes avant de le découper en tranches minces.

3 Mélangez le concombre, les germes de soja, la coriandre, l'oignon, la menthe et les feuilles de kaffir dans un saladier.

4 Faites chauffer l'huile dans un wok ou une sauteuse puis faites frire les nouilles à feu vif jusqu'à ce qu'elles soient dorées et bien gonflées. Égouttez-les sur du papier absorbant.

5 Ajoutez le bœuf dans le saladier, versez l'assaisonnement et remuez. Répartissez les nouilles dans des bols de service et disposez la salade de bœuf dessus.

Sauce aigre-douce Mettez tous les ingrédients dans un bocal doté d'un couvercle à vis et secouez vigoureusement.

Par portion lipides 10,1 g ; 436 kcal

L'ASTUCE DU CHEF

Vous pouvez préparer l'assaisonnement la veille. Les nouilles peuvent également être frites la veille et conservées dans un récipient hermétique.

Farfalle, agneau, légumes de printemps et gremolata

Pour 4 personnes.

PRÉPARATION 20 MINUTES • CUISSON 20 MINUTES

Mélange de persil ciselé, de zeste de citron et d'ail, la gremolata accompagne traditionnellement l'osso buco mais elle se marie très bien avec l'agneau dans cette salade.

250 g de farfalle ou autres pâtes courtes
600 g d'asperges coupées en deux
200 g de haricots verts coupés en deux
1 c. s. d'huile végétale
800 g de carré d'agneau désossé
2 c. c. de moutarde de Dijon
3 échalotes émincées
50 g de pignons grillés
40 g de persil plat frais

Vinaigrette au citron
2 c. s. de jus de citron
2 c. s. d'huile d'olive
2 c. c. de moutarde de Dijon

Gremolata
2 gousses d'ail finement hachées
1 c. s. de zeste de citron finement râpé
50 g de persil plat frais ciselé

1 Préparez la vinaigrette et la gremolata.

2 Faites cuire les pâtes dans un grand volume d'eau bouillante, jusqu'à ce qu'elles soient *al dente*. Rincez-les à l'eau froide et égouttez-les.

3 Faites cuire séparément les asperges et les haricots, à l'eau ou à la vapeur. Ils doivent rester juste croquants. Égouttez-les et mettez-les dans un saladier.

4 Faites chauffer l'huile dans une poêle et faites revenir l'agneau jusqu'à ce qu'il soit cuit à votre goût. Tartinez-le de moutarde, ajoutez la gremolata en pressant bien avec une spatule puis couvrez et laissez reposer 5 minutes. Coupez la viande en tranches épaisses.

5 Ajoutez les pâtes et l'agneau dans le saladier puis incorporez les échalotes, les pignons, le persil et la vinaigrette. Mélangez délicatement.

Vinaigrette au citron   Mettez tous les ingrédients dans un bocal doté d'un couvercle à vis et secouez vigoureusement.

Gremolata   Mélangez tous les ingrédients dans un bol.

Par portion   lipides 30,7 ; 694 kcal

Agneau, boulgour et courgettes grillées

Pour 4 personnes.

PRÉPARATION 45 MINUTES • MARINADE 3 HEURES • CUISSON 20 MINUTES

600 g de filet d'agneau
2 c. s. d'huile d'olive
1 gousse d'ail pilée
1 c. s. de sauge fraîche grossièrement ciselée
2 c. s. d'origan frais grossièrement ciselé
240 g de boulgour
2 c. c. de zeste de citron finement râpé
20 g de feuilles d'origan frais
2 courgettes jaunes moyennes
2 courgettes vertes moyennes
250 g de tomates poires jaunes coupées en deux
250 g de tomates cerises coupées en deux
1 bouquet de persil plat frais

Vinaigrette à l'ail et au citron
2 c. s. de jus de citron
1 gousse d'ail pilée
60 ml d'huile d'olive

1 Mélangez dans un saladier l'agneau, l'huile, l'ail, la sauge et l'origan. Couvrez et laissez mariner 3 heures au réfrigérateur.

2 Mettez le boulgour dans un saladier et couvrez-le d'eau froide. Laissez reposer 10 minutes, puis égouttez. Pressez le boulgour entre vos mains pour en extraire l'excédent d'eau. Remettez-le dans le saladier avec le zeste de citron et les feuilles d'origan. Remuez.

3 Préparez la vinaigrette.

4 Faites griller l'agneau sur une plaque en fonte huilée jusqu'à ce qu'il soit cuit à votre goût. Couvrez et laissez reposer 10 minutes. Découpez en tranches assez épaisses.

5 À l'aide d'un couteau bien aiguisé, détaillez les courgettes en tranches fines dans la longueur et faites-les cuire sur la plaque en fonte bien chaude, (procédez en plusieurs fois). Transférez-les ensuite dans un saladier avec les tomates, le persil et la moitié de la vinaigrette. Mélangez.

6 Arrosez le boulgour du reste de vinaigrette et remuez. Répartissez-le dans les assiettes de service puis garnissez de courgettes et de tranches d'agneau.

Vinaigrette à l'ail et au citron Mettez tous les ingrédients dans un bocal, fermez le couvercle et secouez vigoureusement.

Par portion lipides 29,2 g ; 510 kcal

LES ASTUCES DU CHEF
- Vous pouvez déguster cette salade chaude ou froide.
- Servez avec des olives et du pain de campagne.

Lentilles, merguez, panais et betteraves

Pour 4 personnes.

PRÉPARATION 30 MINUTES • CUISSON 50 MINUTES

400 g de lentilles brunes
2 brins de thym frais
500 g de petites betteraves rouges
200 g de petits panais
8 merguez
1 gros oignon jaune émincé
2 c. c. de graines de moutarde jaune
2 c. c. de cumin en poudre
1 c. c. de coriandre en poudre
125 ml de bouillon de volaille
300 g d'épinards grossièrement ciselés

Vinaigrette au thym
1 c. c. de thym frais ciselé
1 gousse d'ail pilée
125 ml de vinaigre de vin rouge
60 ml d'huile d'olive

1   Préparez la vinaigrette.

2   Mettez les lentilles et le thym dans une cocotte, ajoutez deux fois et demi leur volume d'eau froide et faites-les cuire jusqu'à ce qu'elles soient tendres. Ne les salez qu'en fin de cuisson pour éviter qu'elles ne durcissent. Égouttez-les soigneusement (jetez le thym) puis mettez-les dans un saladier et arrosez-les avec la moitié de la vinaigrette. Remuez délicatement.

3   Débarrassez les betteraves et les panais de leurs tiges et de leurs feuilles mais ne retirez pas la peau. Faites-les cuire séparément à l'eau ou à la vapeur puis égouttez-les. Quand ils ont assez refroidi pour être manipulés, épluchez-les et coupez-les en deux.

4   Faites griller les merguez dans une poêle antiadhésive bien chaude, jusqu'à ce qu'elles soient bien cuites. Laissez-les tiédir 5 minutes puis coupez-les en tronçons.

5   Réchauffez la poêle puis faites revenir l'oignon, les graines de moutarde, le cumin et la coriandre en remuant. Quand l'oignon est tendre, versez le bouillon et portez à ébullition. Retirez du feu et incorporez les épinards.

6   Ajoutez sur les lentilles les épinards et leur jus de cuisson, les betteraves, les panais, les merguez et le reste de vinaigrette. Mélangez délicatement et servez aussitôt.

Vinaigrette au thym   Mettez tous les ingrédients dans un bocal, fermez le couvercle et secouez vigoureusement.

Par portion   lipides 45,2 g ; 948 kcal

Côtelettes d'agneau et haricots frais

Pour 4 personnes.

PRÉPARATION 30 MINUTES • MARINADE I HEURE • CUISSON 20 MINUTES

12 côtelettes d'agneau
2 c. s. d'huile d'olive
2 c. s. de jus de citron
2 gousses d'ail pilées
2 c. s. de menthe fraîche ciselée
2 c. s. de zeste de citron finement râpé
150 g de haricots beurre
150 g de haricots verts
150 g de pois gourmands
150 g de cresson
I petit bouquet de menthe fraîche
I petit bouquet de basilic frais

Sauce au vinaigre balsamique

2 c. s. de vinaigre balsamique
I c. c. de moutarde de Dijon
I c. c. de sucre en poudre
60 ml d'huile d'olive

1   Mélangez l'agneau, l'huile, le jus de citron, l'ail, la menthe et la moitié du zeste dans un saladier. Remuez bien, couvrez et laissez mariner I heure au réfrigérateur.

2   Faites cuire séparément les haricots et les pois gourmands. Égouttez-les, rincez-les à l'eau froide et égouttez-les à nouveau.

3   Préparez la sauce.

4   Faites cuire sur un gril en fonte jusqu'à ce qu'il soit doré.

5   Mélangez les haricots, les pois gourmands, le cresson, la menthe, le basilic, le reste de zeste et la sauce dans un saladier. Remuez délicatement. Servez aussitôt avec les côtelettes.

Sauce au vinaigre balsamique   Mettez tous les ingrédients dans un bocal, fermez le couvercle et secouez vigoureusement.

Par portion   lipides 39,3 g ; 592 kcal

70

Agneau grillé et légumes rôtis

Pour 4 personnes.

PRÉPARATION 35 MINUTES • CUISSON 20 MINUTES

**5 mini-aubergines
en tranches épaisses**

**2 courgettes moyennes
en tranches épaisses**

**1 oignon rouge moyen coupé
en deux, puis en quartiers**

**1 gros poivron rouge coupé
en lamelles de 2 cm**

**1 gros poivron jaune coupé
en lamelles de 2 cm**

250 g de tomates en grappe

2 gousses d'ail pilées

2 c. s. d'huile d'olive

**800 g de carré d'agneau
désossé**

1 petit bouquet de basilic frais

150 g de feta émiettée

Pesto

2 gousses d'ail pilées

**2 c. s. de parmesan frais
finement râpé**

1 c. s. de pignons grillés

1 c. s. de jus de citron

50 g de basilic frais

125 ml d'huile d'olive

1 Préchauffez le four à 220 °C.

2 Mélangez dans un saladier l'aubergine, la courgette, l'oignon, le poivron, la tomate, l'ail et l'huile puis répartissez le tout dans un plat et faites cuire 20 minutes au four. Remuez de temps à autre.

3 Préparez le pesto.

4 Faites chauffer une grande poêle antiadhésive et faites revenir l'agneau jusqu'à ce qu'il soit doré et cuit à votre goût. Couvrez et laissez reposer 5 minutes. Coupez-le en tranches épaisses.

5 Transférez les légumes dans un saladier avec le basilic et la feta. Remuez délicatement. Répartissez ce mélange dans les assiettes de service, ajoutez les tranches d'agneau et nappez de pesto.

Pesto Mixez tous les ingrédients jusqu'à obtention d'une pâte homogène.

Par portion lipides 55 g ; 759 kcal

Salade grecque

Pour 4 personnes.

PRÉPARATION 40 MINUTES • MARINADE 1 HEURE • CUISSON 10 MINUTES

La skordalia est une sauce grecque relevée à base de pain ou de pomme de terre, d'ail, de jus de citron et d'huile d'olive. Elle peut accompagner presque tous les types de plats, viandes ou volailles grillées, poissons, légumes crus…

600 g de filet d'agneau
2 c. s. d'huile d'olive
2 c. c. de zeste de citron finement râpé
1 c. c. de marjolaine fraîche ciselée
1 gousse d'ail pilée
1 gros poivron rouge émincé
1 concombre coupé en cubes de 2 cm
400 g de tomates cerises coupées en deux
2 branches de céleri émincées
4 oignons nouveaux émincés
2 mini-romaines
150 g d'olives noires dénoyautées
200 g de feta émiettée

Skordalia
2 tranches de pain de mie rassis
2 gousses d'ail pilées
2 c. s. d'huile d'olive
2 c. c. de vinaigre de vin blanc
1 c. s. de jus de citron
80 ml d'eau

Vinaigrette à la marjolaine
2 c. s. d'huile d'olive
2 c. s. de vinaigre de vin blanc
1 c. s. de marjolaine fraîche ciselée
1 pincée de piment de Cayenne

1 Mettez dans un saladier l'agneau, l'huile, le zeste, la marjolaine et l'ail puis remuez bien. Couvrez et laissez mariner 1 heure au réfrigérateur.

2 Préparez la skordalia et la vinaigrette.

3 Faites revenir l'agneau dans une grande poêle antiadhésive bien chaude, jusqu'à ce qu'il soit doré et cuit à votre goût. Couvrez et laissez reposer 5 minutes. Coupez le filet en tranches épaisses.

4 Transférez la viande dans un saladier avec tous les légumes, les olives et la feta. Remuez délicatement. Répartissez cette salade dans les assiettes de service et arrosez de skordalia.

Skordalia Retirez la croûte du pain puis trempez les tranches dans un petit saladier d'eau froide avant de les égoutter. Pressez pour en extraire l'excédent d'eau. Mixez le pain avec le reste des ingrédients jusqu'à obtention d'une pâte lisse.

Vinaigrette à la marjolaine Mettez tous les ingrédients dans un bocal, fermez le couvercle et secouez vigoureusement.

Par portion lipides 46,1 g ; 710 kcal

Agneau za'atar et salade tiède de pois chiches

Pour 4 personnes.

TREMPAGE 12 HEURES • PRÉPARATION 45 MINUTES • MARINADE 30 MINUTES • CUISSON 40 MINUTES

Le za'atar est un mélange de graines de sésame grillées, de marjolaine séchée, de thym et de sumac. On peut l'acheter tout prêt dans les magasins d'épices du Moyen-Orient ou le préparer soit même. Le sumac est une épice rouge très foncé qui apporte une saveur citronnée aux sauces et accompagne merveilleusement les viandes grillées.

200 g de pois chiches secs
1 feuille de laurier
800 g de carré d'agneau désossé
60 ml d'huile d'olive
1 c. s. de sumac
1 c. s. de graines de sésame grillées
1 c. c. de feuilles de thym séché
1 c. c. de feuilles d'origan séché
1 c. c. de feuilles de marjolaine séchée
1 c. c. de paprika doux
20 g de beurre
12 oignons grelots coupés en deux
1 grosse carotte coupée en petits dés
2 branches de céleri émincées
2 petits bulbes de fenouil émincés
1 petit bouquet de persil plat ciselé

Vinaigrette au sumac
1 c. s. de sumac
1 c. c. de moutarde de Dijon
60 ml d'huile d'olive
60 ml de jus de citron

1 Mettez les pois chiches dans un saladier d'eau froide et laissez-les tremper toute une nuit. Égouttez-les.

2 Faites cuire les pois chiches avec la feuille de laurier dans de l'eau bouillante salée jusqu'à ce qu'ils soient tendres. Salez-les en fin de cuisson pour éviter qu'ils ne durcissent. Égouttez-les.

3 Mettez dans un saladier l'agneau, 2 cuillerées à soupe de l'huile, le sumac, les graines de sésame, le thym, l'origan, la marjolaine et le paprika. Remuez bien. Couvrez et laissez mariner 30 minutes au réfrigérateur.

4 Préparez la vinaigrette.

5 Faites chauffer le beurre et le reste d'huile dans une poêle et faites fondre l'oignon 10 minutes, en remuant, jusqu'à ce qu'il soit légèrement doré. Ajoutez la carotte, le céleri et le fenouil puis laissez mijoter jusqu'à ce qu'ils soient juste tendres.

6 Faites griller l'agneau au four ou sur un gril en fonte huilé jusqu'à ce qu'il soit cuit à votre goût. Couvrez et laissez reposer 5 minutes. Coupez la viande en tranches épaisses.

7 Au moment de servir, mettez les pois chiches dans une casserole avec les légumes, le persil ciselé et la moitié de la vinaigrette. Réchauffez à feu doux en remuant puis répartissez cette salade tiède dans les assiettes de service. Garnissez de tranches d'agneau et arrosez du reste de vinaigrette.

Vinaigrette au sumac   Mettez tous les ingrédients dans un bocal, fermez le couvercle et secouez vigoureusement.

Par portion   lipides 47,9 g ; 763 kcal

Côtelettes d'agneau et salade de doliques

Pour 4 personnes.

PRÉPARATION 20 MINUTES • MARINADE 3 HEURES • CUISSON 35 MINUTES

Les doliques sont les graines séchées d'une variété de haricot. On peut les trouver dans certaines épiceries fines dont les rayons sont richement approvisionnés en légumineuses. Si vous avez du mal à vous en procurer, remplacez-les par des haricots secs de votre choix (soissons, lingots…).

12 côtelettes d'agneau
2 c. c. de coriandre en poudre
1/2 c. c. de piment de Cayenne
2 c. c. de paprika fumé
1 c. s. d'huile végétale
300 g de doliques ou de haricots blancs secs
10 tomates cocktail coupées en quatre
2 branches de céleri émincées
1 petite laitue

Vinaigrette persillée
2 c. s. de persil plat frais grossièrement ciselé
1 c. s. de moutarde à l'ancienne
1 gousse d'ail pilée
60 ml d'huile d'olive
60 ml de vinaigre de vin blanc

1 Mélangez l'agneau, la coriandre, le piment, le paprika et l'huile dans un saladier. Couvrez et laissez mariner 3 heures au réfrigérateur.

2 Mettez les haricots dans une casserole, couvrez-les d'eau froide et faites-les cuire 40 minutes à partir de l'ébullition. Ils doivent être tendres.

3 Faites cuire l'agneau sur un gril en fonte huilé jusqu'à ce qu'il soit à votre goût. Procédez en plusieurs fois.

4 Préparez la vinaigrette. Égouttez les haricots, laissez-les tiédir puis mettez-les dans un saladier avec la tomate, le céleri et la vinaigrette. Remuez délicatement.

5 Disposez les feuilles de laitue sur les assiettes de service puis garnissez-les de salade de haricots et de côtelettes d'agneau. Arrosez du jus de cuisson de la viande.

Vinaigrette persillée   Mettez tous les ingrédients dans un bocal, fermez le couvercle et secouez vigoureusement.

Par portion   lipides 33,5 g ; 562 kcal

Larb de porc

Pour 4 personnes.

PRÉPARATION 20 MINUTES • CUISSON 20 MINUTES

Le larb est une salade thaïlandaise qui se prépare avec du bœuf, du poulet ou du porc.

1 c. s. d'huile d'arachide

2 c. s. de citronnelle fraîche ciselée

2 piments rouges frais finement hachés

2 gousses d'ail pilées

1 morceau de gingembre frais râpé

1,4 kg de viande de porc maigre hachée

2 c. s. de nuoc-mâm

160 ml de jus de citron vert

5 feuilles de kaffir ciselées

40 g de menthe fraîche

20 g de coriandre fraîche

4 oignons nouveaux émincés

4 échalotes émincées

8 grandes feuilles de laitue pommée

1 Faites chauffer l'huile dans une poêle antiadhésive et faites revenir la citronnelle, le piment, l'ail et le gingembre 2 minutes, jusqu'à ce que le mélange embaume. Ajoutez le porc et faites-le dorer 10 minutes en remuant sans cesse pour qu'il soit bien cuit. Versez le nuoc-mâm et la moitié du jus de citron puis laissez cuire 5 minutes. Transférez l'appareil dans un saladier et incorporez les feuilles de kaffir, de menthe et de coriandre, l'oignon, l'échalote et le reste de jus de citron.

2 Assemblez deux feuilles de salade dans chaque assiette pour former une coupelle et garnissez cette dernière de larb tiède. Dégustez aussitôt.

Par portion lipides 10,5 g ; 443 kcal

Œufs pochés, épinards et speck

Pour 4 personnes.

PRÉPARATION 15 MINUTES • CUISSON 15 MINUTES

Le speck est un jambon salé et fumé rappelant le bacon.

**300 g de speck coupé
    en lamelles**
200 g de pousses d'épinards
**30 g de basilic frais
    grossièrement ciselé**
**50 g de pecorino ou de
    parmesan en copeaux**
4 œufs

Vinaigrette à l'ail
2 gousses d'ail pilées
1 c. c. de moutarde de Dijon
80 ml d'huile d'olive
60 ml de vinaigre balsamique

1 Faites dorer le speck dans une poêle antiadhésive jusqu'à ce qu'il soit croustillant. Égouttez-le sur du papier absorbant et laissez-le refroidir.

2 Préparez la vinaigrette.

3 Transférez le speck dans un saladier avec les pousses d'épinards, le basilic et le pecorino.

4 Versez de l'eau dans une sauteuse jusqu'à mi-hauteur et portez à ébullition. Cassez les œufs un par un dans un bol puis faites-les glisser délicatement dans la sauteuse. Quand tous les œufs sont dans la poêle, ramenez à ébullition. Couvrez la poêle et éteignez le feu. Laissez reposer 4 minutes, jusqu'à ce qu'une légère pellicule de blanc se soit formée sur les jaunes. À l'aide d'une spatule, sortez les œufs et posez-les sur une assiette garnie de papier absorbant.

5 Répartissez la salade dans les assiettes de service, agrémentez d'un œuf poché et arrosez d'un filet de vinaigrette.

Vinaigrette à l'ail Mettez tous les ingrédients dans un bocal, fermez le couvercle et secouez vigoureusement.

Par portion lipides 29,4 g ; 359 kcal

Méli-mélo de chou et porc mariné

Pour 4 personnes.

PRÉPARATION 30 MINUTES

Le chou chinois pe tsai, aussi appelé chou de Pékin, est de forme allongée, avec des feuilles vert pâle gaufrées. Il peut être émincé ou haché, consommé cru ou braisé, cuit à la vapeur ou sauté.

240 g de chou de Milan émincé

240 g de chou rouge émincé

240 g de chou chinois pe tsai émincé

2 carottes moyennes grossièrement râpées

30 g de coriandre fraîche grossièrement ciselée

1 piment rouge long frais émincé

500 g de porc mariné chinois, en fines lamelles

Sauce douce au soja

1 c. s. d'huile de sésame

1 c. s. de nuoc-mâm

2 c. s. de sauce de soja

1 c. s. de sucre roux

1 Préparez la sauce.

2 Mettez tous les ingrédients dans un saladier et arrosez-les de sauce. Remuez délicatement.

Sauce douce au soja Mettez tous les ingrédients dans un bocal, fermez le couvercle et secouez vigoureusement.

Par portion lipides 24 g ; 397 kcal

Pois gourmands, jambon cru et vinaigrette au gingembre

Pour 4 personnes.

PRÉPARATION 20 MINUTES • CUISSON 20 MINUTES

300 g de pois gourmands

2 avocats coupés en lamelles épaisses

200 g de tomates séchées conservées dans l'huile, coupées en lamelles

150 g de pousses d'épinards

350 g de jambon cru coupé en gros morceaux

Vinaigrette au gingembre

2 gousses d'ail pilées

2 c. s. de vinaigre de vin blanc

2 c. s. de persil plat frais ciselé

1 morceau de gingembre râpé

1 c. s. de moutarde à l'ancienne

1 c. s. d'eau chaude

60 ml d'huile d'olive

1 Faites cuire les pois gourmands à l'eau ou à la vapeur. Égouttez-les, rincez-les à l'eau froide et égouttez-les à nouveau.

2 Préparez la vinaigrette au gingembre.

3 Mettez les pois gourmands dans un saladier avec l'avocat, la tomate, les pousses d'épinards et le jambon. Remuez délicatement. Répartissez le mélange dans les assiettes de service et arrosez d'un filet de vinaigrette.

Vinaigrette au gingembre Mettez tous les ingrédients dans un bocal, fermez le couvercle et secouez vigoureusement.

Par portion lipides 41 g ; 560 kcal

Les marines

Fruits de mer grillés, mangue verte et roquette

Pour 4 personnes.

PRÉPARATION 40 MINUTES • MARINADE 2 HEURES • CUISSON 15 MINUTES

250 g de corps de calamars
500 g de crevettes royales
500 g de petits poulpes coupés en deux dans la longueur
1 grosse mangue verte
200 g de roquette
250 g de tomates cerises coupées en deux
1 bouquet de menthe vietnamienne fraîche

Sauce à la citronnelle
2 petits piments rouges frais épépinés et émincés
2 c. s. de nuoc-mâm
1 c. s. de sucre de palme ou de cassonade
80 ml d'huile d'arachide
20 g de citronnelle fraîche ciselée
60 ml de jus de citron vert

1   Préparez la sauce.
2   Ouvrez les corps des calamars, incisez-les en croisillons puis détaillez-les en carrés de 5 cm. Décortiquez les crevettes en gardant la queue et retirez la veine dorsale. Mettez les calamars, les crevettes et les poulpes dans un saladier, arrosez de la moitié de la sauce et mélangez. Couvrez et laissez mariner 2 heures au réfrigérateur.
3   Coupez la mangue en tranches fines puis en julienne.
4   Faites cuire les fruits de mer sur un gril en fonte huilé jusqu'à ce qu'ils soient dorés et à point. Procédez en plusieurs fois.
5   Transférez les fruits de mer et la mangue dans un saladier, versez le reste de sauce et remuez. Ajoutez la roquette, la tomate et la menthe puis mélangez en surface pour éviter que la roquette ne cuise au contact des fruits de mer grillés. Servez aussitôt.

Sauce à la citronnelle   Mettez tous les ingrédients dans un bocal, fermez le couvercle et secouez vigoureusement.

Par portion   lipides 22 g ; 550 kcal

Salade espagnole

Pour 4 personnes.

PRÉPARATION 30 MINUTES • CUISSON 15 MINUTES

900 g de corps de calamars

**340 g de chorizo coupé
en tranches fines**

1 c. s. d'huile d'olive

**4 tomates moyennes
épépinées et coupées
en quartiers**

**1,2 kg de haricots blancs
en boîte rincés et égouttés**

1 bouquet de persil plat frais

**1 c. c. de zeste de citron
finement râpé**

60 ml de jus de citron

1 Ouvrez les corps des calamars
en les coupant au centre, incisez-
les en croisillons puis taillez-les en
lamelles de 2 cm.

2 Faites revenir les rondelles de
chorizo dans une poêle antiadhésive préchauffée, en remuant
de temps en temps, jusqu'à ce
qu'elles soient dorées. Retirez-les
de la poêle et réservez-les.

3 Faites cuire le calamar dans la
même poêle. Il doit être tendre.

4 Mettez le chorizo et les calamars
dans un saladier avec les autres
ingrédients puis mélangez délicatement.

Par portion lipides 29,8 g ; 602 kcal

Crevettes, vermicelle de riz et coriandre

Pour 4 personnes.

PRÉPARATION 30 MINUTES • RÉFRIGÉRATION 1 HEURE

1 kg de crevettes royales cuites

250 g de vermicelles de riz

1 citron vert

1 citron jaune

60 ml d'huile d'olive

60 ml de vinaigre de riz

1 c. s. de sambal oelek

1 c. s. de nuoc-mâm

2 c. s. de sucre de palme ou de cassonade

1 poivron rouge moyen émincé

1 poivron jaune moyen émincé

1 oignon rouge moyen émincé

1 bouquet de coriandre fraîche

1 Décortiquez les crevettes en gardant la queue et retirez la veine dorsale. Mettez les vermicelles dans un saladier d'eau bouillante et laissez-les reposer jusqu'à ce qu'ils soient tendres. Égouttez-les, passez-les sous l'eau froide et rincez-les à nouveau.

2 Coupez le citron vert en deux dans la longueur puis détaillez-le en fines lamelles. Pressez le citron jaune pour en extraire tout le jus possible. Versez ce dernier dans un saladier, ajoutez les lamelles de citron puis l'huile, le vinaigre, le sambal oelek, le nuoc-mâm et le sucre de palme. Remuez au fouet ou à la fourchette pour dissoudre le sucre avant d'incorporer les crevettes, les vermicelles, les poivrons et l'oignon. Mélangez délicatement, couvrez et laissez 1 heure au réfrigérateur avant de servir. Parsemez de coriandre au dernier moment.

Par portion   lipides 14,9 g ; 359 kcal

Salade tiède de pâtes et araignée de mer

Pour 4 personnes.

PRÉPARATION 30 MINUTES • CUISSON 1 H 55

10 grosses tomates olivettes
80 ml d'huile d'olive
1 c. s. de sel de Guérande
1 c. c. de poivre noir concassé
1 gros oignon jaune émincé
2 gousses d'ail pilées
250 ml de vinaigre de vin blanc
1 bouquet de basilic frais
50 g d'estragon frais
4 petites araignées de mer cuites
350 g de linguine
300 g d'épinards grossièrement ciselés
2 c. s. de zeste de citron finement râpé

1 Préchauffez le four à 160 °C.

2 Coupez les tomates en deux. Disposez-les dans un plat à rôtir, face coupée vers le haut. Arrosez-les d'une cuillerée à soupe de l'huile puis salez et poivrez. Faites-les rôtir au four pendant 1 heure, jusqu'à ce qu'elles soient tendres et légèrement dorées.

3 Faites chauffer 1 cuillerée à soupe d'huile dans une casserole et faites fondre l'oignon et l'ail, en remuant de temps en temps. Versez le vinaigre et portez à ébullition. Laissez bouillonner à découvert, jusqu'à ce que la préparation ait réduit de moitié.

4 Ajoutez la tomate et le reste d'huile dans la poêle, baissez le feu et laissez mijoter 30 minutes à découvert. Incorporez le basilic et l'estragon puis laissez cuire encore 15 minutes pour faire épaissir la sauce.

5 Préparez les araignées. Dégagez l'intérieur en faisant levier avec un couteau solide puis retirez et jetez les branchies grises. Détachez les plus grosses pinces et réservez-les. Extrayez la chair des autres pinces et du corps puis émiettez-la dans un saladier.

6 Faites cuire les pâtes dans un grand volume d'eau bouillante salée. Pendant ce temps, passez au tamis fin la sauce tomate au-dessus de la chair d'araignée de mer émiettée, en pressant fermement avec une cuiller en bois.

7 Transférez les pâtes égouttées, les épinards et le zeste de citron dans le saladier. Mélangez délicatement. Répartissez cette salade dans des assiettes creuses et décorez avec les pinces réservées.

Par portion   lipides 20,4 g ; 602 kcal

Truite de mer, cresson et asperges vertes, sauce au raifort

Pour 4 personnes.

PRÉPARATION 30 MINUTES • CUISSON 20 MINUTES

4 petites pommes de terre nouvelles avec la peau
4 filets de truite de mer de 220 g chacun, avec la peau
750 ml d'eau
750 ml de lait
500 g d'asperges
175 g de cresson
1 oignon rouge émincé

Sauce au raifort
1 œuf
2 c. s. de raifort
2 c. c. de miel
160 ml d'huile d'olive

1 Faites cuire les pommes de terre à l'eau ou à la vapeur puis égouttez-les. Laissez-les refroidir un peu puis coupez-les en tranches.

2 Mettez les filets de truite dans une sauteuse puis versez l'eau et le lait mélangés. Portez à ébullition puis baissez le feu et laissez frémir 5 minutes. Quand le poisson est cuit, retirez-le délicatement avec une écumoire et jetez le liquide de cuisson. Retirez la peau et recoupez chaque filet en deux dans la longueur.

3 Préparez la sauce au raifort.

4 Faites cuire les asperges à l'eau ou à la vapeur puis égouttez-les. Rincez-les à l'eau froide et égouttez-les à nouveau.

5 Répartissez les tranches de pommes de terre dans les assiettes de service puis ajoutez les asperges, le cresson, l'oignon et le poisson. Arrosez d'un filet de sauce et servez.

Sauce au raifort Fouettez l'œuf, le raifort et le miel ensemble puis versez l'huile en un filet fin et régulier, sans cesser de fouetter, jusqu'à ce que la sauce épaississe légèrement.

Par portion lipides 53,7 g ; 836 kcal

Homard et nouilles soba, sauce ponzu

Pour 4 personnes.

PRÉPARATION 25 MINUTES • RÉFRIGÉRATION 30 MINUTES • CUISSON
10 MINUTES

Les soba au thé vert sont des nouilles japonaises à base de farine de blé et de thé vert. On les trouve dans les épiceries asiatiques.

2 petites carottes
1/2 petit daikon (radis japonais)
4 oignons verts
200 g de nouilles soba au thé vert
4 queues de homard cuites
1 feuille d'algue grillée (yaki-nori) détaillée en fines lanières

Sauce ponzu
2 c. s. de mirin
2 c. s. de sauce de soja japonaise
1 c. c. de sucre
1 c. c. de pâte de wasabi
1/2 c. c. d'huile de sésame

1 Pelez les carottes et le daikon. À l'aide d'un épluche-légumes, détaillez-les en rubans. Coupez les oignons verts en tronçons de 10 cm puis recoupez-les en deux dans la longueur. Plongez les légumes dans un saladier d'eau glacée et laissez 30 minutes au réfrigérateur.

2 Préparez la sauce ponzu.

3 Faites cuire les nouilles soba dans un grand volume d'eau bouillante salée puis égouttez-les. Rincez-les à l'eau froide et égouttez-les à nouveau. Transférez-les dans un saladier et mélangez-les délicatement avec les trois quarts de la sauce.

4 Coupez les queues de homard en deux dans la longueur et retirez l'intestin. Répartissez les légumes bien égouttés dans les assiettes de service, disposez dessus un nid de nouilles avant d'ajouter les queues de homard. Arrosez du reste de sauce et décorez de lanières d'algue.

Sauce ponzu Mettez tous les ingrédients dans un bocal, fermez le couvercle et secouez vigoureusement.

Par portion lipides 2,7 g ; 337 kcal

LES ASTUCES DU CHEF
• Pour une recette meilleur marché, remplacez les queues de homard par de la chair ou des grosses pinces de crabe.
• Pour détailler l'algue en lanières, utilisez des ciseaux de cuisine.

Moules et fèves à la grecque

Pour 4 personnes.

PRÉPARATION 30 MINUTES • CUISSON 15 MINUTES

Les risoni sont des petites pâtes en forme de grain de riz qui s'utilisent surtout dans les soupes et les salades.

220 g de risoni
500 g de fèves congelées
1 kg de moules
125 ml d'eau
125 ml de vin blanc sec
200 g de haricots verts coupés en tronçons de 2 cm
150 g d'olives noires dénoyautées
1 gros poivron rouge coupé en lamelles

Vinaigrette à l'origan

2 c. c. d'origan frais ciselé
2 c. s. de vinaigre de vin rouge
2 gousses d'ail pilées
1 petit oignon jaune haché
1/2 c. c. de cumin en poudre
80 ml d'huile d'olive

1 Faites cuire séparément les risoni et les fèves puis égouttez-les. Laissez refroidir 10 minutes. Retirez l'enveloppe des fèves.

2 Brossez les moules et retirez les barbes. Faites chauffer l'eau et le vin blanc dans un faitout, ajoutez les moules, couvrez et laissez cuire 10 minutes, jusqu'à ce qu'elles s'ouvrent. Jetez celles qui restent fermées. Réservez 16 moules au chaud. Sortez les moules restantes de leurs coquilles et jetez ces dernières.

3 Préparez la vinaigrette.

4 Faites cuire les haricots verts à l'eau ou à la vapeur puis égouttez-les. Rincez-les à l'eau froide et égouttez-les à nouveau.

5 Mélangez les pâtes, les fèves, les moules décortiquées et les haricots verts dans un saladier. Ajoutez les olives, le poivron et la vinaigrette. Remuez délicatement. Répartissez cette salade dans des bols de service et décorez de moules entières.

Vinaigrette à l'origan Mettez tous les ingrédients dans un bocal, fermez le couvercle et secouez vigoureusement.

Par portion lipides 20,6 g ; 549 kcal

Pâtes et saumon

Pour 4 personnes.

PRÉPARATION 15 MINUTES • CUISSON 10 MINUTES

Les orechiette sont des pâtes courtes dont la forme incurvée est idéale pour retenir les sauces épaisses.

250 g d'orechiette

100 g de grosses câpres égouttées

800 g de saumon en boîte égoutté et émietté

1 gros oignon blanc coupé en deux et émincé

4 branches de céleri émincées

4 feuilles de chou rouge

Mayonnaise au citron

2 c. s. d'eau

200 g de mayonnaise

120 g de crème aigre

60 ml de jus de citron

30 g d'aneth frais grossièrement ciselé

1 Faites cuire les pâtes dans un grand volume d'eau bouillante salée puis égouttez-les. Rincez-les à l'eau froide et égouttez-les à nouveau.

2 Préparez la mayonnaise au citron.

3 Émincez la moitié des câpres puis mettez-les dans un saladier avec le saumon, l'oignon, le céleri, les pâtes et la moitié de la mayonnaise. Remuez délicatement. Dressez les feuilles de chou sur les assiettes de service, garnissez-les de salade puis ajoutez le reste de mayonnaise et de câpres.

Mayonnaise au citron Fouettez tous les ingrédients dans un bol pour obtenir une sauce homogène.

Par portion lipides 48,4 g ; 864 kcal

Poisson cru à la tahitienne

Pour 4 personnes.

PRÉPARATION 40 MINUTES • MARINADE 20 MINUTES • CUISSON 10 MINUTES

**600 g de thon blanc ou de poisson blanc à chair ferme,
    sans la peau**
160 ml de jus de citron
1 patate douce coupée en tranches fines
1 concombre
1 c. s. de zeste de citron râpé
3 petits piments rouges frais émincés
4 oignons verts émincés
1 bouquet de coriandre fraîche ciselé (feuille, racine et tige)
400 ml de lait de coco
2 avocats moyens en tranches fines

1 Coupez les filets de poisson en biais, en lamelles de 5 mm. Transférez-les
    dans un saladier, arrosez de citron, couvrez et laissez mariner 20 minutes
    au réfrigérateur.

2 Faites cuire la patate douce sur un gril en fonte huilé jusqu'à ce qu'elle soit
    dorée et juste tendre.

3 Émincez le concombre en rubans à l'aide d'un économe. Mélangez dans un
    récipient le concombre, le poisson avec son jus de citron, le zeste de citron,
    le piment, l'oignon, la coriandre et le lait de coco. Mélangez délicatement.

4 Dressez les tranches de patate douce sur les assiettes de service puis
    garnissez de tranches d'avocat et de salade au poisson.

Par portion   lipides 44,2 ; 636 kcal

LES ASTUCES DU CHEF

- Choisissez votre poisson chez un excellent poissonnier, capable de
  vous garantir la fraîcheur parfaite du poisson cru.
- Pour retirer les éventuelles arêtes, utilisez une pince à épiler. Cette
  opération doit être réalisée avant de découper le poisson en tranches
  fines.
- Dans cette recette, le poisson est juste « saisi » par le jus de citron. Sa
  chair reste donc légèrement translucide au centre.

Sashimi de saumon
et salade de chou au gingembre

Pour 4 personnes.

PRÉPARATION 45 MINUTES • CUISSON 5 MINUTES

2 c. s. de graines de sésame
1 c. s. de graines de sésame noires
2 c. c. de graines de coriandre
1 c. c. de sel de Guérande
1/2 c. c. de poivre noir concassé
2 c. s. de ciboulette fraîche ciselée
300 g de thon cru très frais
300 g de saumon cru très frais
200 g de haricots verts coupés en petits tronçons
6 gros radis rouges
240 g de chou chinois émincé
6 oignons verts émincés
150 g de germes de soja
1 bouquet de coriandre fraîche

Sauce au gingembre
1 morceau de gingembre frais de 2 cm
2 c. s. de vinaigre de riz
2 c. s. d'huile végétale
2 c. c. d'huile de sésame
1 c. s. de mirin
1 c. s. de sauce de soja

1   Faites griller à sec les graines de sésame dans une poêle jusqu'à ce qu'elles embaument puis laissez-les refroidir. Pilez-les dans un mortier puis mettez-les dans un saladier avec le sel, le poivre et la ciboulette.

2   Coupez le thon et le saumon en trois tranches de 5 cm d'épaisseur. Roulez-les dans les graines de sésame aromatisées puis enveloppez-les dans du papier sulfurisé. Fermez bien et réservez au réfrigérateur jusqu'au moment de servir.

3   Préparez la sauce au gingembre.

4   Faites cuire les haricots à l'eau ou à la vapeur puis égouttez-les. Coupez les radis en bâtonnets.

5   Mettez les radis et les haricots dans un saladier avec le chou, l'oignon, les germes de soja, les feuilles de coriandre et la moitié de la sauce. Mélangez délicatement.

6   Sortez le poisson du réfrigérateur et détaillez-le en tranches fines. Répartissez la salade sur les assiettes de service et garnissez de poisson. Arrosez du reste de sauce et servez aussitôt.

Sauce au gingembre   Mettez tous les ingrédients dans un bocal, fermez le couvercle et secouez vigoureusement.

Par portion   lipides 26,1 g ; 409 kcal

LES ASTUCES DU CHEF

• Choisissez votre poisson chez un excellent poissonnier, capable de vous garantir la fraîcheur parfaite du poisson cru.

• Pour retirer les éventuelles arêtes, utilisez une pince à épiler. Cette opération doit être réalisée avant de découper le poisson en tranches fines.

Thon grillé, maïs et crème d'avocat

Pour 4 personnes.

PRÉPARATION 30 MINUTES • TREMPAGE 15 MINUTES • MARINADE 15 MINUTES • CUISSON 25 MINUTES

Les piments chipotles sont des jalapeños séchés et fumés. D'un brun très foncé, ils ont un goût très fort mais se distinguent surtout par leur saveur fumée. On les trouve dans les épiceries fines et autres magasins spécialisés en épices et aromates.

4 piments chipotles
1 c. s. d'huile d'olive
2 gousses d'ail pilées
1 petit oignon jaune finement haché
50 g d'origan frais
2 c. s. de concentré de tomate
2 c. s. d'eau
4 steaks de thon de 200 g chacun
2 épis de maïs
8 grandes tortillas de blé
2 citrons verts coupés en quartiers

Crème d'avocat
2 petits avocats
120 g de crème aigre
20 g de coriandre fraîche grossièrement ciselée
1 c. s. de jus de citron vert

1 Faites tremper les piments 15 minutes dans un saladier d'eau bouillante. Égouttez-les et hachez-les grossièrement.

2 Faites chauffer l'huile dans une poêle et faites fondre l'ail et l'oignon en remuant. Ajoutez le piment, l'origan, le concentré de tomate et l'eau. Portez à ébullition puis coupez le feu et laissez refroidir 5 minutes. Mixez en plusieurs impulsions pour obtenir une pâte épaisse.

3 Disposez le poisson dans un grand plat. Étalez la pâte pimentée sur les deux faces puis couvrez et laissez mariner 15 minutes au réfrigérateur.

4 Préparez la crème d'avocat.

5 Faites cuire les épis de maïs sur un gril en fonte huilé jusqu'à ce qu'ils soient légèrement dorés et juste tendres. Coupez-les en tranches épaisses puis réservez au chaud. Saisissez le poisson sur le gril, jusqu'à ce qu'il soit doré des deux côtés et cuit à votre goût. Couvrez et laissez reposer 5 minutes. Détaillez les steaks de thon en tranches.

6 Faites réchauffer les tortillas en suivant les instructions figurant sur l'emballage. Répartissez le poisson, le maïs, la crème d'avocat et les tortillas sur les assiettes de service. Servez avec des quartiers de citron.

Crème d'avocat Mixez les avocats et la crème aigre pour obtenir une pâte lisse puis incorporez la coriandre et le jus de citron vert.

Par portion lipides 46,4 g ; 853 kcal

Thon et haricots blancs

Pour 4 personnes.

PRÉPARATION 15 MINUTES

2 branches de céleri

**800 g de thon au naturel
égoutté et émietté**

**400 g de haricots blancs
en boîte rincés et égouttés**

1 oignon rouge émincé

**150 g d'olives noires
dénoyautées**

**1 poivron rouge moyen
en fines lanières**

1 bouquet de persil plat frais

Vinaigrette provençale

1 gousse d'ail pilée

80 ml de jus de citron

80 ml d'huile d'olive

1 Préparez la vinaigrette.

2 Coupez le céleri en bâtonnets
puis mettez-les dans un saladier
avec les autres ingrédients.

3 Arrosez de vinaigrette et remuez
délicatement.

Vinaigrette provençale Mettez
tous les ingrédients dans un
bocal, fermez le couvercle et
secouez vigoureusement.

Par portion lipides 23 g ; 434 kcal

Noix de Saint-Jacques et salade de chou

Pour 4 personnes.

PRÉPARATION 15 MINUTES • CUISSON 10 MINUTES

**32 noix de Saint-Jacques
sans corail**

2 mini-concombres

240 g de chou rouge émincé

**160 g de chou de Milan
émincé**

**40 g de ciboulette fraîche
grossièrement ciselée**

**2 c. s. de graines de sésame
grillées**

Sauce de soja au miel

2 c. s. de sauce de soja

2 c. s. de jus de citron

2 c. c. d'huile de sésame

1 c. s. de miel

1 gousse d'ail pilée

60 ml d'huile d'arachide

1 Préparez la sauce.

2 Faites sauter les noix de Saint-Jacques dans une poêle chaude légèrement huilée, jusqu'à ce qu'elles soient dorées des deux côtés et juste cuites.

3 Émincez les concombres en rubans puis mettez-les dans un saladier avec les choux, la ciboulette, les graines de sésame et les trois quarts de la sauce.

4 Répartissez cette salade sur les assiettes de service, garnissez de noix de Saint-Jacques et arrosez du reste de sauce.

Sauce de soja au miel   Mettez tous les ingrédients dans un bocal, fermez le couvercle et secouez vigoureusement.

Par portion   lipides 21 g ; 306 kcal

Crevettes, papaye et pomme verte

Pour 4 personnes.

PRÉPARATION 25 MINUTES

Pour cette recette, choisissez une papaye à chair bien ferme. Optez pour des pommes acides et très croquantes, comme les granny smith.

1 kg de crevettes royales cuites
1 petit daikon (radis japonais)
2 petites pommes vertes avec la peau,
**   coupées en quartiers minces**
1 oignon rouge coupé en dés de 1,5 cm
1 papaye coupée en dés de 1,5 cm
1 melon d'Espagne coupé en dés de 1,5 cm
400 g de cresson

Sauce wasabi
2 c. s. de vinaigre de cidre
1 c. c. de pâte wasabi
1 gousse d'ail pilée
1 c. c. de jus de citron
60 ml d'huile d'olive

1 Décortiquez les crevettes en gardant la queue et retirez la veine dorsale.
2 Préparez la sauce.
3 Détaillez le daikon en julienne puis mettez-le dans un saladier avec la pomme, l'oignon, la papaye, le melon et la sauce. Mélangez délicatement. Répartissez le cresson dans les assiettes de service et disposez dessus la salade et les crevettes.

Sauce wasabi   Mettez tous les ingrédients dans un bocal, fermez le couvercle et secouez vigoureusement.

Par portion   lipides 15,3 g ; 365 kcal

L'ASTUCE DU CHEF
Préparez les fruits au dernier moment pour éviter qu'ils ne s'oxydent. Si vous voulez servir cette salade très fraîche, mettez les fruits entiers au réfrigérateur jusqu'au moment de les détailler et de les servir.

Poissons fumés, courgette et tomates séchées

Pour 4 personnes.

PRÉPARATION 35 MINUTES

80 ml de crème aigre
1 1/2 c. s. de vinaigre de framboise
1 c. s. de ciboulette fraîche grossièrement ciselée
1 gousse d'ail pilée
1 grosse courgette jaune
60 ml d'huile d'olive
45 g d'amandes effilées grillées
150 g de tomates séchées conservées dans l'huile
1 gros avocat
1 c. s. de jus de citron
300 g de truite fumée à chaud
200 g de saumon fumé en tranches
16 grosses câpres en saumure rincées et égouttées
1 citron coupé en quartiers
quelques tranches de pain grillé frottées d'ail

1 Mélangez la crème aigre, 2 cuillerées à café de vinaigre, la ciboulette et l'ail dans un petit saladier. Couvrez et réservez au réfrigérateur jusqu'au moment de servir.

2 Détaillez la courgette en rubans et mettez-la dans un petit saladier. Arrosez d'une cuillerée à soupe de vinaigre et de 2 cuillerées à soupe d'huile. Remuez délicatement.

3 Mélangez les amandes, les tomates et le reste d'huile dans un petit saladier. Coupez l'avocat en tranches assez épaisses et arrosez de jus de citron. Émiettez la truite en morceaux de la taille d'une bouchée.

4 Disposez sur un grand plat de services la courgette, les tomates, l'avocat, la truite, le saumon et les câpres. Servez avec la crème aigre aromatisée, les quartiers de citron et le pain grillé.

Par portion lipides 49,7 g ; 790 kcal

Salade sushi

Pour 4 personnes.

PRÉPARATION 25 MINUTES • CUISSON 15 MINUTES

400 g de riz koshihikari
500 ml d'eau
2 mini-concombres du Liban
1/2 petit daikon (radis japonais)
1 citron coupé en quatre et émincé
400 g de saumon cru très frais détaillé en tranches fines
35 g de graines de sésame grillées
1 feuille d'algue grillée (yaki-nori) détaillée en fines lanières

Sauce wasabi
1 morceau de gingembre frais râpé
2 c. s. de mirin
1 c. c. de pâte wasabi
1 c. s. de sauce de soja
80 ml d'eau
60 ml de vinaigre de vin de riz

1 Rincez le riz à l'eau froide jusqu'à ce que celle-ci soit claire. Transférez-le dans une casserole avec l'eau, couvrez et portez à ébullition. Réduisez le feu et laissez frémir 12 minutes, jusqu'à ce que toute l'eau soit absorbée. Retirez la casserole du feu et laissez reposer à couvert 10 minutes.

2 Préparez la sauce wasabi.

3 Détaillez les concombres en rubans et le daikon en julienne. Mettez le riz, le concombre et le daikon dans un saladier avec le citron et le saumon cru puis remuez délicatement. Répartissez cette salade dans les assiettes de service. Décorez de lanières d'algue et de graines de sésame.

Sauce wasabi Mettez tous les ingrédients dans un bocal, fermez le couvercle et secouez vigoureusement.

Par portion lipides 13,3 g ; 735 kcal

Crevettes à l'ail et salade aux agrumes

Pour 4 personnes.

PRÉPARATION 30 MINUTES • MARINADE 3 HEURES • CUISSON 10 MINUTES

20 grosses crevettes royales

3 gousses d'ail pilées

2 c. c. de zeste de citron finement râpé

80 ml de jus de citron vert

2 c. s. d'huile d'olive

2 mini-concombres en tranches fines

250 g de tomates cerises coupées en deux

150 g d'olives noires dénoyautées

3 petites oranges détaillées en quartiers

I oignon rouge grossièrement émincé

400 g de feuilles de frisée

Vinaigrette au citron vert et à l'orange

2 c. c. de zeste de citron vert finement râpé

I c. s. d'huile d'olive

60 ml de jus d'orange

60 ml de jus de citron vert

1 Décortiquez les crevettes en gardant la queue et retirez la veine dorsale. Mettez-les dans un saladier avec l'ail, le zeste de citron, le jus de citron et l'huile. Laissez mariner 3 heures au réfrigérateur. Remuez de temps à autre.

2 Faites cuire les crevettes sur un gril en fonte huilé jusqu'à ce qu'elles changent de couleur.

3 Préparez la vinaigrette.

4 Transférez les crevettes dans un saladier avec le concombre, les tomates, les olives, les quartiers d'oranges, l'oignon et la vinaigrette. Mélangez délicatement. Répartissez la frisée dans les assiettes de service et disposez la salade dessus.

Vinaigrette au citron vert et à l'orange Mettez tous les ingrédients dans un bocal, fermez le couvercle et secouez vigoureusement.

Par portion lipides 15,6 g ; 396 kcal

Rollmops et céleri rémoulade

Pour 4 personnes.

PRÉPARATION 25 MINUTES • CUISSON 40 MINUTES

Les rollmops sont des filets de hareng conservés dans une marinade très condimentée, au vin blanc et aux épices. Vous les trouverez en bocaux de verre au rayon frais des grandes surfaces ou fraîchement préparés chez certains traiteurs.

800 g de petites pommes de terre nouvelles coupées en deux
1 c. s. d'huile d'olive
2 c. c. de graines de carvi concassées
2 branches de céleri émincées
1 petite carotte grossièrement râpée
2 petits bulbes de fenouil émincés
2 oignons verts émincés
20 g de ciboulette fraîche grossièrement ciselée
350 g de céleri rave
500 g de rollmops égouttés
8 brins de persil plat frais

Sauce rémoulade
2 jaunes d'œufs
1 c. c. de jus de citron
1 c. c. de moutarde à l'ancienne
125 ml d'huile d'olive
60 ml d'eau chaude
1 c. s. de cornichons égouttés et émincés
1 c. s. de persil plat frais grossièrement ciselé
2 filets d'anchois égouttés finement hachés
2 c. c. de câpres égouttées finement hachées

1 Préchauffez le four à 160 °C.

2 Préparez la sauce.

3 Mélangez les pommes de terre, l'huile et le carvi dans un plat à rôtir. Faites cuire 40 minutes au four, jusqu'à ce que les pommes de terre soient dorées et bien tendres. Tournez-les de temps à autre.

4 Mélangez le céleri branche, la carotte, le fenouil, l'oignon et la ciboulette dans un saladier. Épluchez le céleri rave, râpez-le grossièrement et ajoutez-le dans le saladier. Incorporez la moitié de la sauce et remuez délicatement.

5 Déroulez les rollmops. Disposez 1 cuillerée à soupe de salade et 1 brin de persil sur chaque filet de hareng puis roulez-le pour enfermer la garniture et maintenez-les avec des piques en bois.

6 Répartissez les pommes de terre dans les assiettes de service puis disposez dessus le reste de salade et les rollmops. Arrosez du reste de sauce et servez aussitôt.

Sauce rémoulade   Fouettez les jaunes d'œufs, le jus de citron et la moutarde jusqu'à obtention d'une pâte lisse. Sans cesser de fouetter, versez l'huile en filet fin et régulier jusqu'à ce que la sauce épaississe. Incorporez le reste des ingrédients.

Par portion   lipides 58,5 g ; 813 kcal

Glossaire

Haricots noirs

Airelles séchées

Aneth
Plante ombellifère aux feuilles vert foncé qui ressemblent à des plumes. Ces feuilles ont un léger goût d'anis et ne doivent pas être cuites. On les ajoutera donc en fin de cuisson pour préserver leur saveur.

Anis étoilé
Fruit d'un arbre de la famille des magnoliacées originaire du Vietnam. En forme d'étoile, ce fruit a un goût prononcé d'anis. On l'utilise pour parfumer les plats asiatiques ou aromatiser les desserts. Peut se préparer en infusion pour ses vertus digestives.

Aubergine
Fruit d'une plante originaire de l'Inde et cultivée dans le bassin méditerranéen depuis le XVIIᵉ siècle. L'aubergine se fait cuire à l'étuvée, en gratin ou sautée. On la fera le plus souvent dégorger 30 minutes au sel pour qu'elle rende son eau de végétation.

bacon
Poitrine de porc maigre fumée.

Badiane
Voir Anis étoilé.

Basilic
Pourpre Il présente de grandes feuilles pourpres et une saveur douce proche de celle du gingembre. Il se conserve mieux que les autres basilics et peut être remplacé par du basilic thaï.
Thaï Aussi appelé horapa, il présente d'assez petites feuilles à la saveur sucrée de réglisse. Il est l'un des parfums de base de la cuisine thaï. On le trouve dans les supermarchés et chez les marchands de légumes asiatiques.

Betterave potagère
Plante à racine charnue, ronde et rouge. Très nutritive. Consommée cuite le plus souvent, en purée, en tranches, en julienne, etc. Elle est tout aussi bonne crue ou en salade.

Bocconcini
Fromage proche de la mozzarella. Aussi appelé « mozzarella cerise », on le trouve en petites boules de la taille d'une bouchée, conservées dans de l'eau. À consommer dans les 48 heures.

Bok choy
Également dénommé pak choy ou chou chinois. Cette plante potagère qui rappelle la bette présente de larges feuilles lisses se déployant autour d'une carde blanche et rigide. Les feuilles ont un goût proche du chou tandis que les feuilles sont légèrement sucrées. Au moment de l'achat, on choisira ceux qui ont des feuilles bien vertes, lisses et sans taches, avec les cardes très claires et cassantes.

Boulgour
Grains de blé décortiqués et cuits à la vapeur puis séchés et broyés. Très utilisés dans la cuisine du Moyen-Orient, pour le taboulé par exemple.

Brocoli
Légume de la famille du chou. Doit être coupé en « fleurs » avant la cuisson. Les tiges se consomment, mais nécessitent une cuisson plus longue.

Brocoli chinois
Également appelé gai larn. Contrairement au brocoli italien, constitué de bouquets serrés et denses, le brocoli chinois présente de longues feuilles vertes enfermant quelques fleurettes

Calamars
Nom vulgaire de certains mollusques pourvus de tentacules terminant un corps allongé. Également appelés encornets.

Câpre
Bouton floral d'une plante méditerranéenne, le câprier. Les câpres sont vendues confites au vinaigre ou en saumure. Leur saveur aigre relève les sauces froides ou chaudes. Les plus petites, qui ont été cueillies plus tôt, sont plus savoureuses et plus chères que les grosses. Dans la cuisine méridionale, on les associe souvent aux olives et aux anchois.

Cardamome
La cardamome est une graine très parfumée qui appartient à la famille du gingembre. On la trouve le plus souvent écossée ou moulue.

Carvi
Plante aromatique de la famille des ombellifères. La graine de carvi est petite et allongée, de couleur noirâtre. Sa saveur délicate rappelle celle de l'anis. Il est conseillé d'acheter les graines entières, qui se conservent mieux que moulues.

Cerfeuil
Herbe aromatique au parfum légèrement anisé et aux feuilles frisées.

Chorizo
Saucisse originaire d'Espagne, à base de porc grossièrement haché et fortement relevée d'ail et de piment.

Chou chinois
Également connu sous le nom de chou de Pékin. Son goût est assez proche de celui du chou vert.

Ciabatta
Pain italien plat cuit au feu de bois.

Ciboulette
Plante de la famille de l'oignon, dont les feuilles creuses et minces, au goût subtil d'oignon, sont employées comme condiment. On peut lui substituer des tiges d'oignon vert, à la saveur plus prononcée, mais moins délicate.

Cinq-épices
Mélange parfumé de cannelle, de clous de girofle, d'anis étoilé, de poivre du Sichuan et de fenouil. Vendu en poudre.

Citron confit
Spécialité d'Afrique du Nord. Les citrons sont conservés, généralement entiers, dans un mélange de jus de citron et de sel. On peut les rincer et les consommer tels quels, ou les couper en quartiers pour aromatiser tagines et couscous, ou n'utiliser que la peau (prélevez le zeste à la petite cuiller).

Citronnelle
Herbe longue au goût et à l'odeur de citron. On hache l'extrémité blanche des tiges. Utilisée dans de nombreuses cuisines asiatiques, ainsi qu'en tisane.

Coriandre
Aussi appelée persil arabe ou chinois, car on la trouve beaucoup dans la cuisine nord-africaine et asiatique ; on utilise les feuilles, les racines, ou les graines, qui n'ont pas du tout le même goût.

Couscous
Céréale à grains fins, originaire d'Afrique du Nord. Confectionnée avec de la semoule de blé dure roulée en boules.

Curcuma
Cette épice de la famille du gingembre est une racine qu'on réduit en poudre ; elle possède une saveur épicée mais ne pique pas.

Curry
Pâte Selon les recettes, ces préparations épicées et très parfumées sont plus ou moins relevées. Adaptez les quantités en conséquence. La sauce tikka est assez douce, la vindaloo très épicée et la madras moyennement forte.
Poudre Mélange d'épices moulues très utilisé dans la cuisine indienne. Comporte, dans des proportions variables selon les recettes, du piment séché, de la cannelle, de la coriandre, du cumin, du fenouil, du fenugrec, du macis, de la cardamome et du curcuma.

Daikon
Aussi appelé radis blanc géant, il est très présent dans la cuisine japonaise. Il est de saveur douce et fraîche, sans le côté piquant du radis rouge. On le déguste cru dans les salades et en garniture ou cuit de différentes façons.

Épinards
Pour les salades, utilisez de préférence les pousses d'épinards. Si vous faites cuire les épinards, retirez les cotes et jetez les feuilles trop dures. Faites-les blanchir rapidement à l'eau salée puis égouttez-les et pressez-les bien pour éliminer le plus possible d'eau.

Feta
Fromage de brebis, d'origine grecque, dur et friable, au goût très fort.

Fèves
On les trouve fraîches, sèches, surgelées ou en conserve. Fraîches ou surgelées, il est conseillé de les éplucher deux fois, d'abord pour les sortir de leur gousse, ensuite pour les débarrasser de leur enveloppe beige verdâtre.

Gingembre
Racine épaisse et noueuse d'une plante tropicale. On l'utilise entier ou moulu.

Haloumi
Fromage frais de brebis ou de vache, originaire du Moyen-Orient. Son format, sa texture et son goût ressemblent à ceux de la mozzarella de vache vendue en France par bloc de 500 g ou de 1 kg.

Haricots
Beurre D'une couleur jaune pâle, ils se cuisinent comme les haricots verts.
Blancs Graines de haricots séchées, plus ou moins grosses selon les espèces : lingots,

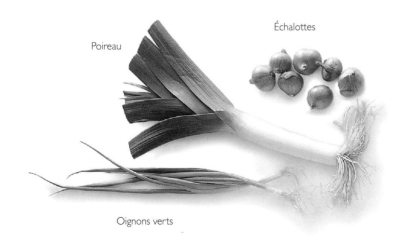

Sésame noir   Carvi   Sésame blanc

Kalonji ou nigelle   Cumin

cocos, soissons, haricots tarbais… Nécessitent souvent un trempage préalable à la cuisson (eau froide puis ébullition plus ou moins longue selon les espèces).
Doliques Graines séchées d'une variété de haricot. Également appelé cornilles.
Noirs Ils sont originaires d'Amérique latine ou de Cuba, à ne pas confondre avec les « haricots noirs » chinois. Ils sont noirs de jais, avec un tout petit œil blanc. On les trouve chez la plupart des marchands de légumes et dans

les épiceries fines.
Verts Minces et cylindriques, on les déguste juste cuits pour leur garder tout leur croquant.

Herbes aromatiques
Nous spécifions si nous employons des herbes fraîches ou sèches. 1 cuillerée d'herbes sèches équivaut à 4 cuillerées d'herbes fraîches.

Hoisin (sauce)
Sauce chinoise épaisse, sucrée et épicée à base de haricots de soja fermentés et salés, d'oignons et d'ail. Pour mariner ou badigeonner, ou pour relever viandes et poissons rôtis, grillés ou sautés.

Kaffir (citronnier)
Originaires d'Afrique du Sud et de l'Asie du Sud-Est. Petit citronnier qui donne des fruits jaune-vert à l'écorce ridée. On utilise essentiellement ses feuilles, très aromatiques. Employées fraîches ou sèches dans de nombreux plats asiatiques.

ketjap manis
Sauce de soja indonésienne, épaisse et sucrée, contenant du sucre et des épices.

Échalottes

Poireau

Oignons verts

Champignon de Paris

Shiitake

Oreilles de judas

Shiitake déshydraté

Pleurottes

Kumara
Variété de patate douce à chair orangée. Vendue dans les magasins de produits exotiques.

Lentille corail
Lentille orange très petite originaire du Moyen-Orient et que l'on trouve dans tous les magasins de produits exotiques.

Lait de coco
Il ne s'agit pas du jus contenu dans la noix, mais du liquide obtenu par la pression de la pulpe et dilué. Après un temps de pose, la crème et le « lait » (un liquide blanc et clair) se séparent naturellement. On le trouve en boîte ou en berlingot dans la plupart des grandes surfaces.

Mangue
Fruit tropical originaire d'Inde et du Sud-Est asiatique, dont la peau va du vert au rouge profond en passant par le jaune. Sa chair parfumée, d'un jaune profond, entoure un grand noyau aplati. On trouve des moitiés de mangue en conserve.

Melon d'Espagne
Fruit ovale à chair vert pâle et au goût délicat.

Menthe vietnamienne
Herbe aromatique à la saveur âcre, aussi appelée laksa ou menthe cambodgienne.

Mesclun
Assortiment de diverses salades et jeunes pousses.

Mirin
Vin de riz doux, peu alcoolisé, utilisé dans la cuisine japonaise. À ne pas confondre avec le saké, qui se boit.

Mozzarella
Originaire du sud de l'Italie où elle est traditionnellement confectionnée à partir de lait de bufflonne. C'est l'authentique fromage à pizza qui devient élastique quand on le chauffe.

Nori
Algue large et plate, vendue en feuilles séchées ; à faire griller avant usage ; sert pour les sushis et comme assaisonnement.

Nouilles
Aux œufs frais À base de farine de blé et d'œufs. Il en existe toute une variété.
Au riz, fraîches Larges, épaisses, presque blanches. À base de riz et d'huile végétale. Doivent être couvertes d'eau bouillante pour éliminer l'amidon et l'excédent de graisse. Utilisées dans les soupes ou sautées.
De soja Blanches, vendues sous forme de petits paquets ficelés dans les épiceries asiatiques. À consommer dans les soupes, les salades, ou sautées avec des légumes.

Nuoc-mâm
Sauce à base de poisson fermenté réduit en poudre (généralement des anchois). Très odorante, elle a un goût très marqué. Il en existe des plus ou moins fortes.

Oignon
De printemps ou oignon vert Bulbe blanc, relativement doux aux longues feuilles vertes et croquantes.
Jaune ou brun Oignon à chair piquante ; utilisé dans toutes sortes de plats.
Rouge Également appelé oignon espagnol. Plus doux que l'oignon blanc ou jaune, il est délicieux cru dans les salades.

Parmesan
Ou parmiggiano en italien, ce fromage de vache originaire de la région de Parme est dur et friable. Le lait caillé est salé dans la saumure pendant un mois avant d'être affiné jusqu'à deux ans dans une atmosphère humide. On l'utilise essentiellement râpé sur les pâtes, les soupes et autres plats salés, mais est également délicieux avec des fruits.

Pastrami
Bœuf fumé très assaisonné, vendu prêt à consommer.

Pâtisson
Courge ronde légèrement aplatie, jaune à vert pâle, à bord festonné. Cueilli jeune, sa chair est blanche et tendre et il offre une saveur très particulière.

Pecorino
Fromage au lait de brebis. Sa pâte ferme est blanche à jaune paille selon son âge. Les différentes variétés de ce fromage tirent leur nom de leur région d'origine.

pide
Pain turc à base de farine de blé, il est soit plat et allongé, soit petit et rond.

Pignons de pin
Petites graines beiges provenant des pommes de pin.

Piments
Généralement, plus un piment est petit, plus il est fort. Mettez des gants en caoutchouc quand vous les épépinez et les coupez, car ils peuvent brûler la peau. Si vous n'aimez pas les préparations trop relevées, retirez les graines et les membranes intérieures.
Piments thaïs Petits piments frais allongés rouges ou verts ; très forts.
Piment en poudre À utiliser faute de piments frais à raison de 1 demi-cuillère à café de poudre pour 1 piment frais moyen haché.
Sauce au piment douce Sauce peu épicée, du type thaï, composée de piments rouges, de sucre, d'ail et de vinaigre.
Sauce au piment forte Sauce à base de piments, de sel et de vinaigre.

Pita
Pain libanais très plat que l'on peut garnir à sa convenance. Les plus petits sont aussi plus épais.

Poireau
Il appartient à la famille de l'oignon et ressemble à un oignon vert géant, mais de goût plus doux et plus subtil. Les poireaux nouveaux, que l'on trouve en début de saison, se cuisent et se dégustent comme des asperges.

Pois chiche
Légumineuse ronde
irrégulière, couleur sable.
Très courante dans la cuisine
méditerranéenne.

Pois gourmands
Ou pois mange-tout. Plus
petits et plus tendres que
les haricots mange-tout, ils
se cuisent très rapidement
(2 minutes), de préférence à
l'eau ou à la vapeur. Saveur
très délicate. Se consomme au
printemps.

Poivron
Originaire d'Amérique centrale
et du Sud, il existe en diverses
couleurs, rouge, vert, jaune,
noir violacé et orange. Retirez
les graines et les membranes
avant de l'utiliser.

Polenta
Semoule de maïs servant
à confectionner un plat du
même nom d'origine italienne.

Porc au barbecue chinois
Traditionnellement cuit dans
des fours spéciaux, le porc est
enrobé d'une sauce sucrée et
gluante à base de sauce de
soja, de xérès, de cinq-épices
et de sauce hoisin. Il est vendu
tout prêt dans les épiceries
asiatiques.

Raifort
Crème Pâte crémeuse à base
de raifort râpé, de vinaigre,
d'huile et de sucre.
Frais Famille de la moutarde ;
la racine a un goût fort et
piquant ; souvent utilisé
comme condiment.

Ricotta
Le nom de ce fromage de
vache à pâte molle blanche
signifie « recuite ». Il est à base
de petit-lait, un sous-produit
d'autres fromages, auquel
on ajoute du lait frais et de
l'acide lactique. La ricotta
est un fromage doux avec
un pourcentage de matières
grasses de 8,5 % et une
texture légèrement granuleuse.

Sucre de palme
Il est confectionné à partir
de la sève de certains palmiers.
De brun clair à brun très
foncé, il se présente sous la
forme de blocs durs, à râper.
Il peut être remplacé par de
la cassonade.

Vermicelle de riz
Variété de nouille consommée
dans tout le Sud-Est
asiatique dans les rouleaux
de printemps et les salades
froides. Proche du vermicelle
chinois mais à base de farine
de riz et non de haricot
mungo.

Risoni
Aussi appelés risi ; petites
pâtes en forme de grain de riz,
très proches de l'orzo.

Sambal oelek
Condiment fort d'origine
indonésienne, à base de
piments broyés, de sel, de
vinaigre et de diverses épices.

Sésame (graines de)
Graines ovales, noires ou
blanches, provenant d'une
plante tropicale, *Sesamum
indicum*. Bonne source de
calcium. Faites-les griller avant
emploi : étalez-les dans une
poêle anti-adhésive et remuez
brièvement à feu doux.

Sumac
Épice moulue, pourpre, tirée
de la baie d'un arbuste de
Méditerranée orientale. Elle
apporte une saveur acide et
citronnée aux sauces et aux
assaisonnements et relève les
viandes grillées au barbecue.
On la trouve dans les épiceries
de produits du Moyen-Orient.

Tahini
Pâte à base de graines de
sésame broyées, elle entre
dans la composition du
houmous, du baba ganoush
et autres plats libanais. On la
trouve dans les épiceries de
produits du Moyen-Orient.

Tat soy
Chou plat chinois. On le
trouve dans les magasins
asiatiques.

Tofu
Pâte de soja compressée dont
on a extrait le maximum d'eau.
Excellent dans les sautés car
il ne se défait pas lorsqu'on le
remue.

Tortilla
Pain fin, rond, sans levain,
originaire du Mexique. Parfois
fait de farine de froment et
parfois de farine de maïs. C'est
également le terme employé
pour désigner, en Espagne,
une omelette épaisse aux
pommes de terre. Vendu
dans les magasins de produits
exotiques ou les grandes
surfaces.

Vinaigre
De cidre À base de pommes
fermentées
Balsamique Provient
exclusivement de la province
de Modène en Italie ; fait avec
un vin local à base de raisin
blanc Trebbiano ; traitement
spécial et vieillissement en
vieux fûts de bois pour lui
donner ce goût unique, à la
fois doux et mordant.
De framboises À base de
framboises fraîches macérées
dans du vinaigre de vin blanc.
De vin À base de vin rouge
fermenté.
De riz À base de riz
fermenté.
De xérès Vinaigre de vin
moelleux, vieilli en fûts de
chêne selon la méthode
espagnole traditionnelle.
De vin blanc À base de vin
blanc fermenté.

Wasabi
Poudre de raifort vert entrant
dans la composition de la
pâte japonaise accompagnant
traditionnellement le poisson
cru. Vendu sous forme de
poudre ou de pâte. On peut
le remplacer par du raifort.

Table des recettes

marabout**chef**

réussite garantie • recettes testées 3 fois

Vous avez choisi "Grandes salades", découvrez également :

Et aussi :

ENTRES AMIS
Apéros

GOURMANDISES
Les meilleurs desserts
Tout chocolat...

CUISINE DU MONDE
Spécial Wok
Cuisine thai pour débutants
Recettes chinoises
Sushis et cie
A l'italienne
Cuisiner grec

CLASSIQUES
Pain maison
Recettes de famille
Spécial pommes de terre
Tartes, tourtes et Cie

PRATIQUE
Recettes pour bébé
Cuisiner pour les petits

RAPIDES
Recettes au micro-ondes

SANTÉ
Desserts tout légers
Cuisine bio
Recettes Detox
Recettes rapides et légères
Recettes pour diabétiques
Recettes anti-cholestérol
Recettes minceur
Recettes bien-être
Tofu, soja et Cie

Traduction et adaptation de l'anglais par : Catherine Bricout, Catherine Pierre et Élisabeth Boyer
Packaging : Domino / Relecture : Antoine Pinchot

Marabout - 43, quai de Grenelle – 75905 Paris CEDEX 15

Publié pour la première fois en Australie
en 2003 sous le titre : "Main-Course Salads"
© 2004 ACP Publishing Pty Limited.
Photos de 2e et 3e de couverture et page 1 : © Frédéric Lucano, stylisme : Sonia Lucano
© 2004 Marabout pour la traduction et l'adaptation.

Dépôt légal n° 77780 - septembre 2006 - ISBN : 2501047915 - édition 02 / Imprimé en Espagne par Gráficas Estella.